台灣

珍奇廟

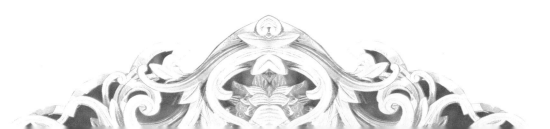

台灣

珍奇廟

台灣
珍奇廟

台灣珍奇廟

台灣珍奇廟

發財開運祈福路

林慧美 / 著

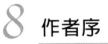

台灣珍奇廟

發財開運祈福路

拜拜，一個良善的轉機

　　浩瀚宇宙裡，有太多未知與神秘境遇，是人類所無法究極的，現實生活中卻有人從中獲得某種感應，所以，向神明祈求膜拜，就心理層面來說，的確具有某種意義的心理治療效果；而這也是民間信仰與民常在的有趣之處。當然，如果能在一心祈求之餘，也體會到「為何如此拜」、又「為何來拜」的道理，膜拜本身的意義或許遠遠超越神跡是否顯現的追求了。鯪鯉田野工作室執行人林志峰就提到，許多人只知道要「求什麼」，在求的過程卻忘記了基本道理；時代演變下，民間信仰隱含的教化正漸漸被遺忘中。

　　舉例來說，單就「拜拜」這個過程，其實就是整理自己心情的一個好機會；拜拜何所求？無非要求「好運降臨」，但怎樣才是「好」呢？「重新來過」就是好，所以進廟門有個規矩，須從東邊門進，西邊門出，是因東邊太陽升起，一天開始都是好的；繞拜一圈後，結束時從西邊廟門出，西邊在風水學上屬虎，虎屬煞、秋天蕭條，出了廟門不好的就通通交給神明帶走。這種邏輯與次序，是道家呈現天理的表徵，順道告訴人們一件事「天要照天理，人要照道理」，「人若不照道理，天就不照甲子（日月循環）」。

又譬如，廟門晚上關閉時門神朝外，白天開啓時則朝內，注視著拜殿內祈求人的動線；是在告訴人們，「人在做，天在看」，「若要人不知，除非己莫爲」。又譬如向神明求籤，無非希望求得好籤，未識者，如果不能從籤詩裡富變化和活性的解釋，吟味出當中的玄機，再因人、事、物去領悟，往往就會落入字義而下斷論，也失去了藉由詩籤悟覺內心的機會。

提到這許多，其實就是希望透過本書的多重面向，讓讀者能跳脫迷信的迷思，在拜拜之餘多點思考、多點觀察、多點欣賞。當您心中有所求時，走訪這十座廟宇，便等於是本書向您拋出個引子；藉由它們，希望您看到更多，更多獨立在山巔水湄或市塵之中的大小廟宇，走廟祈求之餘，進而整理出一套自我的生活哲學也說不定。那麼，是否見廟不是廟？祈求本身已非單純的迷信！會因著您的心情與角度轉換而感受不同；也但願，本書「臺灣珍奇廟」帶給所有讀者的是，一個良善的轉機！

林慧美

台灣珍奇廟

台灣珍奇廟

發財開運祈福路

林慧美 / 著

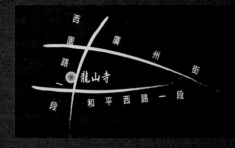
一覽廟宇先後事

值得一訪的文化櫥窗

龍山寺是台灣的重要寺廟；台灣在清朝所建的五大龍山寺，分別座落於台北市、淡水鎮、鹿港鎮、台南市與鳳山市。其中，台北艋舺龍山寺、故宮博物館和中正紀念堂，還並列為外國觀光客來台必遊的三大勝地，可見在外國人心目中，龍山寺與台灣文化有著密不可分的關係。事實上，龍山寺在台灣開發史及廟宇建築藝術上的豐富性，都遠遠超越了一般廟宇與民間信仰的基本性質，成為不只是老外，連台灣人自己都值得一訪的文化櫥窗。單就信仰層面而言，平時龍山寺香火就非常鼎盛，每逢初一、十五更有大批香客來此進香；除了拜拜，遊客還會到此聆聽導覽講解古蹟，老師帶著學生到此鄉土教學、畫畫寫生，也是常見的景況；居民們更是三不五時聚在

▶ 龍山寺為值得一訪的文化櫥窗。

廟埕議論時事；在龍山寺，隨處可見台灣民間信仰與當地民眾生活自然寫真的一隅。

這座台北第一名剎，座落於萬華，也就是舊稱「艋舺」、「文甲」的台北發源地。早年漢人來北部墾植時，這裡尚為瘴癘蠻荒之地，曾有俗諺形容為「三在六亡一回頭」：意思是鄉

▲龍山寺正殿及廣大的拜殿。

民在此險惡環境中，自然想攜帶家鄉廟宇香火，以求得庇護，讓心靈更為安定。清乾隆三年（1738年），來自惠安、同安、晉安的三邑移民於此合資興建龍山寺，同時恭請福建晉江縣安海鄉龍山寺觀音菩薩分靈來此。

另有一則傳說為一位泉州商人來台經商，從艋舺要到景尾（現在的景美）採購藥材，途經龍山寺現址（當時為竹林）休憩方便時，把胸前的觀音菩薩香袋，遺掛在竹子上；到了夜晚，香袋竟然閃閃發光，居民一探，發現上面寫著「龍山寺觀世音菩薩」字樣。大家都認為是觀世音菩薩顯靈，日後膜拜也常靈驗；於是艋舺三邑人（即泉州晉江、惠安、南安的移民）便依香袋指示，前往大陸福建晉江安海龍山寺分靈割香來台建寺。

▶ 不論就台灣開發史或廟宇建築藝術的豐富性，龍山寺都超越一般廟宇。

佈局尊貴　規模、精緻冠全台

龍山寺總面積一千八百餘坪，所在位置堪輿家認為是美人穴，適合興建廟宇，至於座向亦相當特別，在寺廟建築中，凡是供奉佛祖、玉帝、觀音、媽祖等神級較高者，都可採朝南正位；龍山寺主祀觀世音菩薩，本來應朝南，但為了表示謙虛，建廟者故意蓋成略偏東南，顯示其崇尚倫常的美德。

初創的龍山寺，不論規模或雕塑精緻皆冠於全台。山門之後的廣大廟埕不說，空中鳥瞰下，全廟就像個「回」字型的尊貴佈局，採中國古典三進四合院傳統宮殿式建築，由前殿、正殿、後殿、東西護室及鐘樓、鼓樓等構成。前殿廣開五門；正殿圓通寶殿奉祀主神，最是寬敞；後殿供奉同祀神，面寬採十一開間（開間是指每兩根具有承重功能的柱子或牆面之間的距離），不論格局或工匠藝術，都有著一股堂皇大廟的恢弘氣勢，讓人膜拜時，不由得

▲觀世音菩薩神像莊嚴肅穆。

升起肅然之情。其實，早在一九一九年第三次重修龍山寺時便已奠定今日的廟宇規模；不過正殿卻一度於一九四五年二次世界大戰遭到攻擊全毀，神奇的是，觀世音菩薩仍端坐蓮台，寶像莊嚴。正殿因此於戰後一九五五年重建；一九八五年，龍山寺更為政府列管的二級古蹟。

教導民眾破除迷信　以觀光為發展導向

人生在世，何事不希望心想事成；既然跟人民生活有密切關係，龍山寺所供奉的神明，無不廣納四方，涵蓋了民間信仰所崇拜的神明，可說是典型儒、道諸神佛供奉之處；所以有人說「龍山寺是神明聚會之所」。總計兩百多尊神明，讓有關生育、醫藥、考試、財富、平安、消災、安息等民生需求都得以被滿足。

近來，廟方在龍山寺管理時側重教育民眾破除迷信，鼓勵以鮮花素果代替牲禮，誠心膜拜；為了避免空氣污染，兩年前開始宣導不再燃燒金紙。發展導向上也以觀光為目標，雖然很多活動不再保有濃厚的草根色彩；不過，每逢初一、十五、元宵花燈，或者農曆二月十九日觀世音菩薩誕辰遶境活動，都帶來大批人潮。近年廟方更增設圖書館、文物館、加強維護古蹟、舉辦各種社教活動，龍山寺儼然成為當地居民信仰、活動、集會和指揮中心。

祈福情報面面觀

觀世音菩薩慈悲顯靈　萬民受其庇護

在佛教世界裡，以佛陀的神格最高，四大菩薩次之，依次是文殊、普賢、觀世音、地藏王。然而，觀世音菩薩卻廣受中國佛教史與台灣佛寺特別的尊崇與供奉。據傳觀世音菩薩本已成佛，號「正法明如來」，常住極樂淨土，但因慈悲心懷，常化身示教眾生，所以最受人民信仰，一般人家佛廳也常供奉觀音。又傳說祂為了救渡眾生，投胎轉世為興林國妙莊主的第三公主，名喚妙善，苦修於大香山而成正果，再輾轉從東海普陀落迦山來到中國普渡眾生，因此最受中國人景仰。

入廟受奉祀的觀世音菩薩，也因有恩澤於人民而受敬拜。相傳，龍山寺觀音菩薩顯靈無數，舉凡居民議事、訴訟、和解等都來祈求祂的公斷。光緒十年（1884年）中法戰爭時，法軍侵占基隆獅球嶺，居民組成義軍，便是以龍山寺印，行文官署，協助擊退了法軍。因而獲得光緒帝敕賜「慈輝遠蔭」匾額；顯見觀世音菩薩不僅只屬於宗教信仰的範疇，其威信並已獲得官方的認可。

還有一則發生在二次大戰的事蹟也廣被傳頌。

▲信眾虔誠跪拜，祈求神助。

當時一有空襲，附近居民便躲在觀世音菩薩蓮台座下避難，因為他們相信在觀音菩薩庇佑下絕對安全。不料有一天正殿遭受嚴重摧毀，神奇的是，觀世音菩薩竟然端坐蓮台，當天也無任何居民在此躲避，他們全部倖免於難；居民都相信是觀世音菩薩顯靈庇護而奔相走告，從此亦更加對祂敬仰萬分！

▲考前不忘「臨時抱佛腳」！

台灣珍奇廟

請你跟我這樣拜

龍山寺除了正殿主祀神，後殿尚有文昌帝君殿、天上聖母殿、關聖帝君殿等所供奉的同祀神，依照動線由龍門（左邊）進入，無論所求為哪尊神，都須先拜完主神，再一一由左向右遶拜，共七個香爐，各插一柱香，當來到想特別祈求的神明前時要詳細稟報所求。以下是向觀世音菩薩祈福的方式說明：

1 到香燭部買好一份供品，將其擺放在供桌上。

2 點燭，再插立。

3 點好七支香，先站在前殿，面對正殿向觀世音菩薩祈求，插一柱香在最大座的觀音爐裡。（註：龍山寺考慮動線，在此並不是先拜天公，請注意！）

4 來到正殿天公爐前，面對廟外拜天公，也可轉身向主神再拜一次，插一柱香在天公爐（註：別懷疑，這樣的安排跟其他廟宇不一樣。照理講，天公爐應擺在三川殿前，但因三川殿平時不開啟，便以擺在較高處來變通。）

5 由左向右一一遶拜其他同祀神。〔註：祈求時理應依尊卑遶拜，先拜媽祖，再文昌帝君，而後關聖帝君。但因考量信眾一多，造成阻塞，廟方表示，還是請信眾依龍門進虎口出（左→右）動線來拜。〕每個香爐各插一柱香。

你還可以這樣求

龍山寺廣納各方神明，除了主神外，還可針對其他同祀神神格屬性來祈求，後殿左翼文昌帝君殿奉祀的太魁星君、文昌帝君、紫陽夫子；中間天上聖母殿的城隍爺、水仙尊王、媽祖娘娘、註生娘娘；右翼關聖帝君殿的三官大帝、關聖帝君、地藏王菩薩，另外還有華陀廳、月老廳等。

左翼文昌帝君殿奉祀的都是文神，右翼關聖帝君殿則為武神，這種安排方式，顯示中國人崇文勝於重武的觀念。雖然在台灣的民間信仰上，關帝和文昌、朱衣、呂仙、魁星合稱「五文昌帝君」，讀書人常拜祂，由於關帝為多屬性神祇，在龍山寺信眾是以武神來崇祀祂。

▲考前文昌帝君殿外擺滿考生祈求的供品。

每到考季時，文昌帝君殿前就有考生帶著准考證來祈求文昌帝君。殿前特設的供品桌總是擺滿各種代表吉兆的供品，雖然廟方提倡不要迷信，馨香素果就好，但是還是會出現芹菜（表「勤」勞）、蔥（表「聰」明）、菜頭（表「好彩頭」）等表徵性供品，最近甚至有人增加蘋果（表「平安」）、粽子（表「包中」——考試必中）等。看來考生們還是寧可信其有，期盼以龍山寺兩百六十幾年綿長的香火，庇佑他們好運連綿。廟方也準備祈求過的2B鉛筆、原子筆，讓考生帶到考場應試，祝福考生一試即中。

▲「菩薩請保佑……」

祈求時要準備的東西

可在廟內購買一整套供品，包括香七支、天公金、卦金、土地公金、壽金、糕餅等。至於其他供品則視個人心意，以鮮花、素果為要。

感恩時刻心意誠

近年來，龍山寺每有媒體採訪，均希望藉此教育信眾以誠心正心祈求，比任何大牲大禮來得重要，希冀信眾能破除迷信；當信眾獲得感應後，總

懷虔誠之心感謝
還願；或以添香
油錢表示謝意，
也有到服務處捐
款開立收據者。

廟方說，這兩年
開始不燒金紙之
後，雖然金紙收
入少了約三、四
百萬，但是信眾
添香油錢卻反增
不減，就某個角
度而言，這也算是龍山寺在管理上的成功之處。

特殊慶典熱鬧來

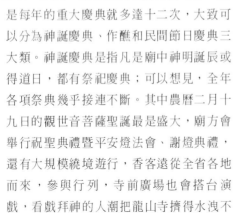

　　龍山寺神明和數量眾多，幾乎囊括了人生老病
死一生的需求，因此，廟會慶典也就特別的多；光
是每年的重大慶典就多達十二次，大致可
以分為神誕慶典、作醮和民間節日慶典三
大類。神誕慶典是指凡是廟中神明誕辰或
得道日，都有祭祀慶典；可以想見，全年
各項祭典幾乎接連不斷。其中農曆二月十
九日的觀世音菩薩聖誕最是盛大，廟方會
舉行祝聖典禮暨平安燈法會、謝燈典禮，
還有大規模繞境遊行，香客遠從全省各地
而來，參與行列，寺前廣場也會搭台演
戲，看戲拜神的人潮把龍山寺擠得水洩不

拜殿的觀世音菩薩籤左右相同，各有一百支，以號
碼標示，每支籤有十五種解釋，應用的範圍包羅萬
象。

1 求籤時，一支籤只能問一件
事，先取®，個筊，雙手合十請
筊，心中默念：「觀世音菩薩作主，我
名叫×××，民國×年農曆×月×日
生，家住……，」並虔誠將所求情形詳
細說明，希望觀世音菩薩示籤指點，然
後問筊，如果獲得聖筊（神筊一正一
反，表示好或可），就是祂答應出籤指
示迷津。如果是笑筊（兩面皆正）或陰
筊（兩面皆反），表示不允，那就改變陳述內容重新
問筊，如是不是稟報不清楚或此籤不適合……等。

2 求得聖筊
後，便可到
正殿籤桶抽一支
籤；抽之前先攪
和籤支，每支籤
只能祈求一項。

3 抽一支籤
後，記住清
楚標示的第幾

首，牢記心裡後，先將籤支放回籤桶，以方便其他信眾取用，再問筊是否此籤，擲筊後如果是聖筊，表示此籤無誤，否則須繼續抽取另一支籤，直到所抽取的籤支獲得聖筊為止。至於須得幾次聖筊，則視祈求的人心意而定，有人為求慎重起見，便協議要三次連續聖筊。

4 記住聖筊的籤支所示號碼，到發籤處領取籤詩。

5 到解籤處請老師解籤，全年解籤時間：8：00～22：00。

通。另外關於主神的重大慶典還有農曆六月十九日的觀世音菩薩成道日，及九月十九日的涅槃紀念日；每年這三天，是虔誠的信眾不會忘記來廟參拜的日子。

作醮祭典，主要是祭祀兇神惡煞、孤魂野鬼，以免地方遭受其侵擾及危害，台灣各地廟宇幾乎都會舉行。龍山寺的作醮，以七月份的慶讚中元（即盂蘭盆會）最正式也最隆重，過去是在十二、十三日兩天舉行，但近年龍山寺勸導節約、轉移社會奢華風氣，便在慶讚中元最重要的中元普渡活動，統一在農曆七月十五日中元節當天舉行。

至於節日慶典，龍山寺每年農曆正月十五日元宵節花燈展覽，讓人印象很深刻，這裡看得到設計者巧思妙手的精製花燈，及變化多端的電動花燈，除了一些是來自寺方準備，很多是信眾們的虔誠奉獻。在古色古香的廟宇氣氛裡，欣賞中國古老的花燈藝術，特別可以感受濃濃的年節氣氛。由於展期長達半個月以上，近年來，龍山寺花燈展覽也成為台北市大型觀光節目之一。

 建築之美共欣賞

談到二級古蹟龍山寺建築雕塑之精緻，冠於全台，來廟參拜如果錯過了欣賞，實是可惜！首先是

台灣珍奇廟

進入廟埕的三川殿前，有一對銅鑄蟠龍簷柱，全台灣只有這裡看得到；仔細欣賞其手法流線，呈現蟠龍靈活尊貴的氣勢，可是當時名匠李祿星和洪坤福的合力之作！

▲不用一釘一鐵組成的「螺旋藻井」。

此外，屋頂型式也是全台首創作法，進廟前可先抬頭看看三川殿的「斷簷升箭口式」，進殿後再比較兩側護室的「一條龍式」、五門後方的「三川脊式」、正殿的「四垂頂式」、鍾鼓樓的「攢尖盔頂式」……，各有何特色。來到正殿時，記得瞧瞧屋頂那不用一釘一鐵組成的「螺旋藻井」，可是採最尊貴的螺旋造型喔！跨上正殿平台時，也不妨繞行其四面廊道，看看這四十二根柱子構成的走馬廊，在石柱壁面留有上述兩位名匠的「對場作」（左右兩邊同時施工打造），以及殿外牆堵的多幅著名書法家石刻。

對廟宇建築有研究的人，或可從廟宇屋脊的財子壽泥塑剪粘，看出龍山寺是座典型儒、道諸神佛共祀的廟宇，一般人雖則不易分辨，卻也可從欣賞其人物神情的自然生動，來獲得樂趣；屋頂脊帶和飛簷上還有吉祥動物造型，及色彩瑰麗豐富的剪粘、交趾陶，都稱得上是台灣剪粘藝術的精華。

其他像是遍佈在牆堵及石柱上的木雕、彩繪、石雕人物，都是出神入化的名作，無不述說忠孝節義，琳琅滿目的楹聯詩句，也讓人在仔細品味之餘，感受到歷史文化的意境之美。至於廟宇的精神代表──諸佛神像，也都呈現圓潤精雕的肅穆神情，膜拜時不妨多作停留，或許就在欣賞時，得到另一種啟示也說不定。

▲二級古蹟龍山寺一磚一瓦充滿藝術之美。

龍山寺屋頂的型式

斷簷升箭口式：凸顯出正脊的恢弘華麗，將屋頂分成三段，中央段明顯抬高，突出於兩側垂脊，用於三川殿。

一條龍式：屋脊平直，沒有分段，呈現完整、不花俏的弧線，用在兩側護室，給人感覺平實親切。

三川脊式：屋脊分成三段，中間段抬高，和兩側垂脊相連，增加屋脊的層次變化。

四垂頂式：又稱「歇山重簷式」。像是正殿和後殿屋頂，在四面屋坡的屋頂上面又加了一層屋頂，屬於南方寺廟中最尊貴的作法。

攢尖盔頂式：屋頂坡度呈現反曲的弧線，向外凸起像是人的頭盔或輦頂，型式活潑，用於鐘鼓樓。

霞海城隍廟

基本資料大公開

- ■廟名：霞海城隍廟
- ■建廟年代：清咸豐九年（西元一八五九年），現為國家三級古蹟。
- ■廟慶：農曆五月六日開始，五月十三日為城隍神誕，會展開一連串慶典活動。
- ■佔地：四十六坪
- ■地址：台北市大同區迪化街一段六十一號
- ■電話：（02）2558-0346
- ■開放時間：6:30～21:00，每年除夕與六月初六通宵（平時假日人潮眾多，建議在非假日前往。）
- ■交通方式：
  - ·公車：搭0北、9、206、255、274至南京西路下車，再步行前往。台北市公車12、52、63、206、223、250、288、302、304可抵。
  - ·開車：由台北北門塔城街上街，於T字路口底之較小街道即是迪化街。

- ■主祀：霞海城隍爺
- ■副祀：城隍夫人及義勇公、文武判官、福德正神和諸將軍等。從祀（與神務有關）有文判、武判、牛爺、馬爺、六司，配祀三十八義勇公。日後配祀尚有海城隍爺、城隍夫人、八司官、謝將軍〈七爺〉、范將軍〈八爺〉、八將軍、馬使爺義勇公及月下老人等。
- ■祈求：向月老求姻緣，城隍眾神則可求事業、運途、平安、功名……等，平時無法破的案可到城隍廟求神，有冤屈者也可往祭城隍，歷任警政首長就任時，來此參拜者為數更是不少。

 ## 一覽廟宇先後事

月下老人牽紅線　姻緣立現佳音頻

都會男女忙著工作而疏於結交異性朋友，或適婚年齡到了卻老不見紅鸞星動，不免有時心裡犯嘀咕，周遭親友更是看不過去，熱心一點的乾脆建議你，去拜拜

掌管姻緣的月下老人，姻緣立現也說不定！北部除了龍山寺後殿有月老，就屬大稻埕霞海城隍廟的月下老人靈驗事蹟最被傳頌。至於為何主祀城隍老爺的城隍廟，會供奉著一尊高四十三公分高、冉冉白鬚、雙頰紅潤的月下老人神像，為大家促成好姻緣，這得追溯到三十幾年前一段感恩的故事。

　　有位老太太早年常到城隍廟燒香祈福，感謝城隍爺保佑她先生事業興盛，孩子也一路求學、服役順遂；爭氣的孩子甚至從美國名校學成歸國，從未讓她操心，但就只是感情生活始終沒有訊息，於是老太太再向城隍爺祈求，說也奇怪，後來孩子們都很快找到理想對象。感恩之餘，老太太便於一九七一年捐獻此尊月下老人，以協助城隍爺處理未婚男女的婚姻大事。

▲站著的月老比較勤快。

事實證明，這位老太太是位預見未來的趨勢大師，因為拜因緣的需求逐年增加，霞海城隍廟管理人陳文文從送餅還願的數量統計表示，民國二〇〇〇年有三百多對來還願，二〇〇一年成長到八百多對，二〇〇三年更激增到1922對，可見月老的功力。

城隍爺掌管善惡功過　洗刷世事冤屈

佔地僅四十六坪，於現今迪化街一段的台北霞海城隍廟，雖沒有巍峨的廟貌，不注意甚至容易被忽略，但其與大稻埕發展息息相關，香火之盛、迎神賽會之熱鬧，信仰圈已超越台北府城的範圍，信眾遍及全國。小小空間除了主祀神城隍爺，還容納六百多尊神像，是台灣神像密度最高的廟。此外，它還是三級古蹟，與慈聖宮、法主公廟合稱大稻埕三大廟宇，也是全台最早的三個城隍廟之一。

霞海城隍廟原是福建同安縣下店鄉五鄉庄居民的守護神，因為下店鄉別名霞城，而廟設於此，因

▲旁殿的副祀神。

此，由現今管理人陳文文的祖先於一八二一年迎來台後，又稱霞海城隍。起初，安置在艋舺八甲庄，為同安人的共同信仰；一八五三年時艋舺發生「頂下郊拼」械鬥，被打敗的同安人便帶著霞海城隍爺來到大稻埕，護送途中有三十八位義勇壯丁犧牲，後供奉在廟內，名為義勇公。來到大稻埕的城隍爺最初供奉於當時的金同利糕餅舖，後來隨著大稻埕發展，同安人祈求香火日盛，一八五九年才由鄉親籌資建廟於現址。

在古代，「城」是城市、「隍」是護城河，所以城隍爺本來是護城河內的城方守護神，祂不僅可以祈雨鎮災、護國保幫，還掌管人間的善惡功過、陰間的鬼魂行蹤，讓信徒心存善念，不敢做壞事，最重要的是，祂還管理亡魂，因此陰陽兩界都歸祂管理，所以當道士建醮超渡亡魂時，都須先發城隍牒知會城隍，才能拘解亡魂到壇。

台灣珍奇廟

進到霞海城隍廟，可以看到很多神像呈階梯狀由上往下排列，在正龕中，供奉的就是城隍爺，城隍爺象徵著懲罰惡徒的神格，政府特設此神，以利於統治這諸多惡神，除此，城隍更被民間視作冥府派駐陽間的地方官，平時無法破的案可到城隍廟求神，有冤屈者也可往祭城隍，這守護地方的神威，可謂深入傳統社會，歷任警政首長就任時，來此參拜者更是為數不少。

地座雞母穴　廟愈小愈發

每年農曆五月十三日是城隍爺誕辰，日據時期為止，它的祭典和北港朝天宮祭典之大並稱。當時，火車還為此加開班車運輸大批香客；近四十年來，聚集地方財力，更加入慈聖宮、法主公內八大軒社陣頭的支持，而有「五月十三人看人，迎神賽會甲天下」的盛況。

霞海城隍廟建廟後這一百多年來雖歷經四次整修，仍守著四十六坪的廟地未擴建，保持其原貌，因為城隍廟城隍爺座位上一坪多的地方在風水上是「雞母穴」，假如輕易翻動就會破壞巢穴，使地方不安，所以信徒不敢隨易翻修。所謂雞母穴是指建地為橢圓形，地勢高於四周，兩側為翅膀，如同母雞坐臥展翅環抱，有母雞保護小雞的意思，這裡則象徵大稻埕的士農工商都受城隍爺保護，財源廣進，可說是廟愈小愈發哩！

廟方除了每年舉辦冬令救濟，五月慶典、七月普渡後的慈善救濟；一九九六年曾配合年貨大街活動，準備平安茶供應民眾、送寫春聯、現作捏麵人，得到各方讚許；一九九七年六月起，更聘請古蹟研究專家，每月舉行兩次「大稻埕逍遙遊文化資產巡禮」導覽。廟方承續文化香火之用心，似乎也呼應了城隍爺與月老成就世間男女，祈求幸福與香火延綿的誠意呢！

 ## 祈福情報面面觀

一天撮合五佳偶　月下老人顯神威

月下老人是中國民間傳說中專司締結男女姻緣之神，好比希臘神話裡的愛神邱比特，不同的是，祂不是用弓箭射穿情侶的心，而是以紅線繫住男女之足。

▲「五月十三人看人，迎神賽會甲天下」的盛況。

傳說在唐朝有個人名叫韋固，有一天帶著僕人遊南站時，看見一位年近古稀的老人，此老人眼力騰人，正在月下翻閱書籍，韋固好奇趨前問看的是什麼書，老人回答：「吾手中之書曰天下之婚牘也，世人男婚女嫁之姻緣與否，悉載於書中耶。」後來，他倆走到米市，看到有位婦人抱著一個三歲女童，月老便指著女童對韋固說：「這女童就是你日後的妻子」，韋固認為月老胡言亂語，勃然大怒，於是暗地

命僕人將女童刺死，僕人對準女童眉間刺去後旋即消失於人群。月老曰：「此女即君天賜之良緣，不能以任何能力阻止之。」韋固不屑月老之言，拂袖而去。

十四年後，韋固娶了相州刺史之女，貌如仙女，只是眉間總貼著花鈿，沒拿下來過，韋固感到奇怪便問她，她答說：「我三歲那年，有天在米市不幸被人刺傷，因此留下了疤，因此，總以花鈿掩飾。」韋固聽後想起月老之言，因而恍然大悟，後人於是奉月老為掌管婚姻大事之神。

霞海城隍廟供奉的月老和其他廟宇一樣，站立著，右手持枴杖，據說站著的神通常比較勤快。至於城隍廟的月老到底有多靈？管理人陳文文女士表

「大稻埕逍遙遊文化資產巡禮」導覽

此活動由一九九七年舉辦迄今，參與人次逾萬次；宗旨在於讓人們飲水思源、培養愛鄉愛土的情懷。舉辦時間是每月第一、三週日上午八時至十二時，全程步行。徒步巡禮的景點包括：慈聖宮、太平國小、永樂國小、大稻埕教會、江山樓遺跡、錦記行（陳天來宅）、鹽館（辜顯榮宅）、李春生紀念堂、李臨秋故居、海關博物館、大稻埕老街、法主公廟、蓬萊閣、王有記茶行、永樂市場、霞海城隍廟。主講人：民俗專家莊永明（第一個星期日）、海關博物館館長葉倫會（第三個星期日）。報名方式：不接受現場報名，可電洽霞海城隍廟；限國小高年級以上學生，每次以一百人為限，額滿為止。

示，以去年成就1922對佳偶來算，平均一天撮合五對，配對成功的速度，目前所知，最遲三年，最快的一出廟門可能就撞到意中人。每天祈求人數約二十五到三十人，每逢情人節前夕、七夕、中秋前夕（中秋節為月老誕辰），更把小廟擠得水洩不通，其中不乏中南部民眾、甚至還有日本人。有趣的是，以往祈求月老清一色是女生，近來男女比例卻是二比七，不過男性大多成群結伴前來。看來，祈求紅鸞星動之心，男女皆同呢！

陳文文女士透露，月老結緣能力之箇中玄機，主要在於求姻緣者首次拜拜時留下的喜糖，而六份是吉數，兼取閩南語

▲從還願名單看出城隍爺和月老的功力。

請你跟我這樣拜

1 在櫃檯買份50元的金紙及260元的白糖、鉛錢、紅絲線。

2 到廟門口持香膜拜天公，拜完後暫時不插香，轉身到裡面正殿，拜主神城隍爺跟月下老人，這時要唸出：「城隍爺做主、月老來幫忙；我是來此求姻緣的。我名叫×××，農曆×年×月×日生，現年×歲。」接著，便跟月老講述求偶條件，如果已有心儀或交往中的對象，可直接講出其姓名、住址、出生年月日與年齡；如果還沒有對象，便說明自己喜歡的異性類型和條件（如身高、體重、外貌、職業等）。說完後再告訴月老：如果成功訂婚了，將會帶x盒喜餅回來答謝（還願）。

3 拜完城隍跟月老，再到偏殿拜城隍爺夫人等眾神，且去香爐插上三柱香。

4 兩枚用紅紙包裹的鉛線綁上紅絲線，將整個拿到香爐上以順時針繞三圈，然後隨身攜帶，幸福就在不遠處了喔！

5 回到正殿，嚐一塊其他還願的新人帶來的喜餅，喝杯廟方煮的甜茶，整個求姻緣的流程才算圓滿結束。

如果短時間內沒有緣動，可以再前來，不過，不須再購買白糖、鉛錢、紅絲線等供品，只要以香祭拜祈緣便可。

「六」與「撈」的諧音，暗指茫茫人海中網住意中人。這些糖將由廟方加上紅棗、枸杞等熬成「平安茶」，分享其他祈求者，愈多人享用這奉茶，表示和愈多人結緣，你的另一半說不定就在其中。

至於鉛錢，則取「有緣」、「有錢」的諧音，而紅絲線當然就是月老繫住自己和心上人的「道具」囉！

用心求支好運籤

求姻緣的人最好不要擲筊求籤，以免抽到不好的籤；廟方強調所謂清官難斷家務事，拜拜就好，

▲ 姻緣天注定，求姻緣者不宜抽籤喔！其他則不在此限。

姻緣天注定，何必自尋煩惱！當然，向城隍爺求身體、運途、事業、健康、平安等，便不在此限。至於求籤方法，步驟如同其他廟宇。

 ## 你還可以這樣求

月下老人牽紅線的功力，一部分是來自城隍爺的幫忙，因為月老性格和藹，必須借助城隍爺的神力，為單身男女剷除不必要的「障礙」，因此，到霞海城隍廟，不要只拜月老，而忽略了城隍爺的神威喔。城隍好

▲幸福能牢牢繫住另一半的心。

比地方政府官，不管求功名、事業、運途、平安，樣樣都有保障。也因此，為什麼求姻緣時要先說「城隍爺做主，月老來幫忙」，成就好姻緣最終的做主權還是在城隍爺身上。

單身求姻緣，那已婚的人也能拜嗎？不必擔心，偏殿的城隍夫人便是專門負責掌管夫妻之間的家務事，尤其是供桌上有雙「幸福鞋」，還可牢牢繫住另一半的心。如果感覺婚姻出了問題，就可以對城隍爺夫人，傾吐所有的不如意，懇求祂保佑婚姻漸入佳境。

▲以訂婚喜餅答謝月老是最普遍的還願方式。

 ## 感恩時刻心意誠

如果有紅鸞星動的跡象卻又欲語還羞，可以買束鮮花再次前來，祈求開花結果。當好事成雙（訂婚）時，別忘了依當時祈緣時說明的還願方式，回廟裡向月老道聲謝。最常見的答謝禮是訂婚喜餅，只要看著供桌上為數不少的喜餅和感謝金牌，就可以知道還願的人還真不少。廟方表示，目前月老收過最高的還願禮，是女方送來的十二萬元聘金。最有趣的是，有一次從中部以「宅急便」保鮮運來的二十四盒喜餅，還好過幾天正好有廟會，廟方緊急

▲城隍爺做主，月老來幫忙！正殿城隍爺神像威武懾人。

▲城隍爺誕辰遶境盛會傳頌百年。

商借附近商家冷凍保存，好讓參加廟會人們沾沾喜氣，否則還真不知怎麼吃完這些喜餅呢！

特殊慶典熱鬧來

北台灣春、夏、秋三季共有三次迎神賽會大拜拜，夏季就是農曆五月十三日、霞海城隍爺誕辰的遶境盛會，也就是坊里傳頌百年的「五月十三人看人，迎神賽會甲天下」。

關於霞海城隍爺的靈驗，有許多傳說。據說，光緒十年法軍攻台時，城隍爺大顯威靈，驅退法

祈求時要準備的東西

向月老求姻緣，有一定的規矩喔！不論是親自拜，或者家長代兒女前來，第一次拜月老時，都必須準備六份貼著「囍」字的白糖、鉛錢、紅絲線。這些都可在廟裡購得，至於怎麼拜，現場也有義工教導，不須太擔心，重點是要有誠意。

祈福禁忌且留意

向月老祈緣，千萬不要過於心急，而且切記不要拿取超過一條以上的紅線，以免惹來不必要的感情糾紛。

台灣珍奇廟

軍；後來，清廷將霞海城隍封為威靈侯。許多人也說，每年城隍誕辰祭典時，也很少碰到下雨，據說，也是城隍爺顯靈的關係。

城隍是陰世間地方官，和陽間的地方官是互相對照的。地方官有轄區，不能越境管事，因此，城隍也是縣歸縣，府歸府。城隍的「排場」，大體上和從前地方官一樣，前堂有房吏衙役，兩旁列有文武判官、七爺、八爺，後堂還有官晉，如城隍夫人、城隍少爺等。神誕日下午一點時，城隍爺出巡，晚間十一點至十二點暗訪，下午六到七點則七爺、八爺遊街。同時，鄰近神祇也都會組陣頭前來慶賀，參加遶境巡行，陣頭中以舞龍、舞獅以及八家將表演最受觀眾鼓掌歡迎。這一天，迪化街商業也被活絡帶動，以往廟會時，下午會大拜拜宴客，車水馬龍，附近

▲霞海城隍廟頗具建築特色。

商家親友、有生意往來的客戶多來赴宴，藉此公關聯誼。後來政府倡導節約，宴客氣氛減少許多，但城隍爺誕辰的廟會活動依然熱鬧滾滾。

建築之美共欣賞

城隍廟的建築，是廟宇建築中最具特色的，例如鹿港城隍廟的採光，就是在兩側開斜斜的天窗，讓廟宇充滿陰深威武感。霞海城隍廟最大的特色是建築像「菜刀」，和一般兩邊對稱的廟宇不同。廟方表示這是仿大陸霞海城隍廟而來的，同時具有菜刀「利」的意思。廟正面闢有三門，木門雕刻精緻，門神是近年所重繪，筆調細膩，設色優美，門口還有對小石獅鎮守，與廟貌頗為相配。

▲門神筆調細膩，設色優美。

▲廟雖小卻也有可觀處。

慈祐宮

■廟名：松山慈祐宮
■建廟年代：清乾隆十八年（西元一七五三年）
■廟慶：媽祖誕辰（農曆三月二十三日）
■佔地：六百餘坪
■地址：台北市八德路四段七六一號
■電話：（02）2766-3012
■開放時間：5：00～23：00，除夕當晚與補運日農曆六月六日晚上通宵。
■交通方式：
‧公車：搭28，32，51，53，54，63，203，205，256，306，311。
‧開車：若從台北火車站出發，沿忠孝東路轉八德路向東直行約二十分鐘，到松山車站左轉可見。
■地圖：

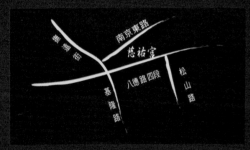

■主祀：天上聖母
■副祀：西方三聖、觀世音、地藏王、註生娘娘、福德正神等約五十尊。
■祈求：漁民祈求海上作業順利、觀光客出海可祈求風平浪靜，及功名、事業、運途、健康、買屋、平安等。

 一覽廟宇先後事

主寺主祀天上聖母媽祖
敬奉其為航海守護神

到松山，可做些什麼？內行的shopping族是紛紛擠進五分埔，老饕則在饒河街夜市一攤吃過一攤；還有一些人，則是走進物質世界之外的松山，來到了有兩百多年歷史的慈祐宮，把生命交關及無明無助的心思都寄託給天上的神力，希望神聖的媽祖能保佑一切平安順遂。

松山慈祐宮建於清乾隆十八年，主祀天上聖母——媽祖；根據記載，宮址也就是現今饒河街夜市的牌樓旁，為衡真僧人仔細堪輿，再經過媽祖指點的吉穴；現有地下一層、地面六層的雄偉廟貌，則是歷經了七次擴建，最後一次為一九八六年修築而成。

很多人可能不知道，松山慈祐宮原名錫口媽祖宮，又稱松山媽祖廟，實是跟松山以前稱「錫口」、而松山慈祐宮是錫口十三街庄居民的信仰中心有關。錫口應是原住民凱達格蘭人的發音，一九〇二年才由日本人改名松山。在舊時代，松山的市區開發僅次於艋舺，於一七四五年就已成了聚落。

▶ 各殿神祇眾多，包辦人一生所求。

▲ 別錯過欣賞藝術之美喔！

▲ 歷七次重建後的廟貌，莊嚴輝煌，展現雄偉之姿。

過去基隆河水充沛時期是台北到宜蘭的水路要津，而有「小蘇州」美譽；十九世紀初因鐵路取代加上基隆河淤塞，港口因而沒落。

說起天上聖母——媽祖，祂是大陸福建湄洲嶼人，自從北宋開基顯化之後，時顯神靈，飄然往來於海上救人免於海難，湄洲一代漳、泉居民無不虔誠瞻拜，許多航海者則奉祂為守護神，因此，沿海各地常建廟奉祀。隨著民間信仰的需求，許多人遇到生活困境或方向不明時，也會請祂指點迷津。

追溯起松山慈祐宮淵源，老松山人都聽說過，相傳是有一位泉州籍行腳和尚，法號「衡真」，他雲遊四方、好結善緣，由湄州攜奉天上聖母分靈金身四處渡化世人；雍正末年時渡海來台，經滬尾（今淡水）沿途托缽來到當時繁榮的錫口，倡議重新供奉之。當時地方仕紳多係泉州同鄉，因此群起立廟奉祀。

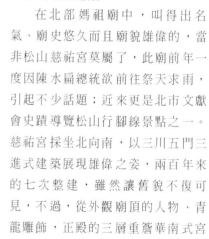

莊嚴輝煌的華南式宮殿建築

在北部媽祖廟中，叫得出名氣、廟史悠久而且廟貌雄偉的，當非松山慈祐宮莫屬了，此廟前年一度因陳水扁總統欲前往祭天求雨，引起不少話題；近來更是北市文獻會史蹟導覽松山行腳線景點之一。慈祐宮採坐北向南，以三川五門三進式建築展現雄偉之姿，兩百年來的七次整建，雖然讓舊貌不復可見，不過，從外觀廟頂的人物、青龍雕飾，正殿的三層重簷華南式宮

▲ 美侖美奐的正殿內外。

殿造型，到走進殿內地面的進口石材、寬敞的拜殿，都處處可見金碧輝煌、美侖美奐。

　　對虔誠的信眾而言，儘管廟貌幾度更迭，許是廟內還保存了許多古蹟，許是大小十七尊媽祖神龕莊嚴輝煌，許是光明燈紅光溫煦層層圍繞，更許是煙香瀰漫讓全殿散發出一股基層廟宇的特殊氣氛，令人在虔誠膜拜時，似乎就此相信了祈求媽祖的願力可以上達雲霄，那股信力的連結是早從幾百年前就已開始了，而在現今

▲ 慈祐宮神祇眾多。

的每一個當下如願實現！

　　除了無一不可求的媽祖外，慈祐宮也呈現了全台廟宇的共同特色，也就是佛道共祀，此廟同祀神可是多達了五十幾尊。在二樓右廂奉祀的是土地公，旁祀代表各方神明的五營旗和虎爺，虎爺是神明下凡的護送腳力，還帶有獸性，因此由土地公看守。左廂是特別具有本地色彩的註生娘娘；北部的註生娘娘都是配祀十二婆祖，不過慈祐宮卻有十三位，多出的一位是杜玉娘。杜玉娘真有其人，相傳是民國初年間松山一帶的產婆，因為感於當時人間貧寒，幫人接生時從不收費，居民為了感懷她的義行，就將她列同十二婆祖一起接受祭祀，因此成了慈祐宮一大特色。

　　至於其他的三樓佛祖殿、四樓帝君殿、五樓三清殿、六樓凌霄殿等，算算幾乎包辦了世人一生所求，也就讓不少觀光客覺得來廟繞拜一圈非常的划算，因此每年四月的年中祭典「媽祖過爐」，總吸引許多非信眾參與，似乎可就此常保一年的順利。

媽祖慈悲警示　信眾倖免於難

　　而被問到是否曾有靈驗傳說，廟方一再強調，祈求不可有世俗的迷信，但要誠心誠意，將生活的苦難告訴媽祖，或許就能感應到祂的神助。就曾有信眾回廟還願時提過：曾在一九九五年時，為了不知是否可購買附近一棟便宜出售的房子，前來祈求媽祖示籤，由於媽祖示籤不宜，信眾因而放棄，而這棟房子居然就是九二一大地震倒塌的東興大樓。信眾認為是媽祖慈悲警示，因而相當感謝。

　　得自媽祖守護的信眾，總是默默感念於心中、不太宣揚；而冥冥之中，媽祖也在默默守護著這一度沒落的松山。如今松山不僅是地鐵的起點，饒河街夜市人潮川流，更是中外遊客慕名的必遊景點。而松山慈祐宮除了解人心靈疑惑之外，很多人或許還不知道，後殿五樓可是欣賞松山夜景的好去處！登樓遙望基隆河瀲灩水光、高速公路車輛川流和南港山麓時，也就不難想見當初為何選中這「鯉魚吉穴」了；如今成為可觀景點，似乎呼應了「吉地」的初衷，卻也是建廟當初始料未及的吧！

道姥元君(斗母)

祈福情報面面觀

　　媽祖，俗姓林，名默娘，自幼聰穎，過目成誦，自從北宋開基顯化成道之後，時顯神靈，不只被奉為航海船隻及漁舟保護神，信眾生活中大小事，也會想來祈求祂的守護。歷代帝王莫不尊崇有加，而有「天妃」、「天后」以及「天上聖母」的褒封，不過民間還是喜歡稱呼祂為「媽祖」或「船仔媽」，在松山人口中則是「松山媽」。

▲ 媽祖信徒之眾是各神祇之冠。

　　因為分祀淵源互異，媽祖又分「湄洲媽」、「銀同媽」、「太平媽」、「船頭媽」、「同安媽」等。也因為恭塑神尊的不同，而有「紅面媽祖」和「烏面媽祖」之分，松山慈祐宮所奉的是烏面媽祖；實是同一尊的分靈，信眾都尊稱為「天后」。

　　在台灣，媽祖信眾香火之盛、信徒之眾可說是各神祇之冠，相信很多人都有印象，過去台灣香客前往大陸湄洲朝聖的陣仗，是既隆重又龐大，證明崇信媽祖在台灣已蔚為一股強大的信仰熱潮。

台灣珍奇廟

請你跟我這樣拜

來慈祐宮膜拜時，由於同祀神眾多，分列各樓層，通常繞拜一圈須花點時間，如果時間有限，可以選該次想膜拜的神祇來拜，無論如何，都要從主神媽祖拜起。

全廟共十個香爐，各插一柱香，共十支香。祇福步驟如下：

1 如要添購供品，可到香燭販賣部以樂捐方式，取得一份套裝組合，然後將供品擺供桌上。再到旁邊燭臺點好蠟燭，並插好。

2 點好十支香，站在拜殿朝殿外拜天公，插一柱香在天公爐。

3 轉身面對媽祖祈求，同時稟報心中所求。如果待會兒想要求籤，可在這時先稟報，請媽祖賜給一支好籤。拜完後，插一柱香在正殿前香爐裡。

4 手上尚有八柱香，再依序從進門後的右到左邊、一到六樓，膜拜同祀神，每座香爐各插一柱香。再回到拜殿，拿起所有金紙向媽祖一拜，再拿到位於廟內的金爐燒化掉。

祈求時要準備的東西

廟內有一整套供品，費用採樂捐：包括香十支、天公金、壽金、卦金、土地公金；至於鮮花水果或牲禮等供品，則視個人心意。

你還可以這樣求

松山慈祐宮的同祀神眾多。婚而不孕或孕而希望保胎的婦女，可來到二樓祈求操縱生命開始、成長與凋零的註生娘娘和產婆杜玉娘，賜予兒女，或生產順利、養育順利平安。廟方建議，頭一胎最好只求能懷孕、且順利生產就好，第二胎再有喜訊，如果希望懷男孩，可買一束新鮮的白花（如百合、玉蘭花）插在現場的花瓶內，再在供桌上一個小盒子裡，取一朵粉紅色的人造小花，拿回家後

▲ 人造小花插頭上，祈求懷子心想事成。

插在頭上。如果拿紅色的花，則代表想懷女孩。此外，廟方表示未婚男女也可向註生娘娘求姻緣喔！就像稟報月下老人一般報出姓名、住址、對象姓名（如尚無對象，則描述希望的行業、條件），請註生娘娘牽紅線。如認為這樣還不夠，也可加點註生娘娘的光明燈，希望良緣就此降臨我身！

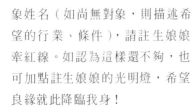

此外，每年考季一到，不少考生特別來此祈求位於四樓的考試之神文昌帝君，廟方都會舉辦文昌梓潼帝君、魁斗星君升安學法會，或燃點金榜題名光明燈，另外準備了由桂花及紅棗熬煮成

▲ 請註生娘娘牽紅線，良緣降臨。

的「智慧茶」給考生補補氣血，更要緊是和文昌帝君結善緣，保佑能在炎炎夏日應考時有個清醒的頭腦。廟方也貼心地準備了已過爐過的筆給考生，祝福考生用著這支筆考試時，文思更加泉湧。

▲ 杜玉娘因義行而受奉祀。

台灣珍奇廟

感恩時刻心意誠

如果感應了媽祖的神蹟助力，千萬別忘了回廟還願；還願時，可準備三牲（豬、雞、魚）、水果重頭再拜一次，或以香油錢回謝，香油錢除了投入油錢箱外，也可到櫃檯辦理，請廟方開立收據。講究一點甚至可以打金牌敬謝；待匯集一兩年後，廟方將熔鑄為大面金牌，等媽祖誕辰、補運、過年期間，再給媽祖戴在身上。至於註生娘娘的還願則比照一般，以麻油雞飯或金牌酬謝都可。

▲ 媽祖誕辰迎神賽會吸引大批香客進香。

特殊慶典熱鬧來

無論來自何處的媽祖，媽祖誕辰（農曆3月23日）期間，都會舉行盛大祭典或迎神賽會，以慶祝媽祖生日；所謂「三月瘋媽祖」，就是說每年三月初就已進入了媽祖的進香期，比較著名的北港、澎湖、關渡、大甲、鹿港等地的媽祖廟，祭典的景況都相當熱鬧繽紛。松山慈祐宮慶祝天上聖母誕辰大典的儀式，從清晨的接駕儀式開始，都依循傳統科儀來進行，相當的隆重，之後還有陣頭繞境，也是松山的盛事之一。

▶ 流線繁複的雕飾表現華南式宮殿建築的特色。

媽祖籤詩自古流傳至今，支共六十支，以甲子標示，籤詩四句二十八字中，應用的範圍包羅萬象。廟方說，只要願意慢慢體會籤詩中的詩句，必可悟出蘊含的玄機，而其籤詩適用於所有生活形式，並可奉為規臬，因此媽祖的靈籤早已成為一般信徒做人處事的指針。求籤方法如下：

1 求籤時，一支籤只能問一件事，先取兩個筊，雙手合十請筊，並且心中默念：「媽祖作主，我名叫×××，民國×年農曆×月×日生，家住……」，並虔誠將所求情形詳細說明，希望媽祖示籤指點，然後問筊，如果獲得聖筊（聖筊一正一反，表示好或可），就是媽祖答應出籤指示迷津。如果是笑筊（兩面皆正）或陰筊（兩面皆反），表示不允，那就改變陳述內容重新問筊，如是不是稟報不清楚或此籤不適合……等。

2 求得聖筊後，便可到正殿籤桶抽一支籤（籤支六十支）；抽之前先攪和

籤支，每支籤只能祈求一項。

3 抽一支籤後，記住清楚標示的第幾首，牢記心裡後，先將籤支放回籤桶，以方便其他信眾取用，再問筊是否此籤，擲筊後如果是聖筊，表示此籤無誤，否則須繼續抽取另一支籤，直到所抽取的籤支獲得聖筊為止。至於須得幾次聖筊，則視祈求的人心意而定，有人為求慎重起見，便協議要三次連續聖筊。

4 記住聖筊的籤支所示的甲子，取籤詩。

5 如果想進一步了解籤詩，可翻閱解籤簿或到服務處前方有專人解籤（解籤時間：週六、日、初一、十五，8：00～14：00，其餘時間也有誦經生代為服務）。

台灣珍奇廟

▲ 雕飾的細部神情，栩栩如生。

 建築之美共欣賞

　　慈祐宮開基到現今，已有兩百五十多年歷史，保存了不少古物，參拜之餘，不妨順道瀏覽一下，例如，廟口一八〇三年間的石獅，雄獅在左、雌獅在右，雄獅張口咧牙、腳踩繡球，樸拙可愛；雌獅懷抱小獅，儘管神情兇猛，但也流露出慈母神韻。

　　慈祐宮廟頂上有很多的雕飾，除了人物，還有

飛躍的青龍，傳說青龍可以防止火災發生，所以一般廟頂上都會裝飾青龍。此外，一八八八年的「春咸德海」與一八九〇年的「神之格兮」匾額，都是上百年古物。還有一九一一年間歷史悠久的古香爐，基架為三足鼎立，造型相當特殊，已不是現代香爐可見。值得一提的是，此廟的金爐相當雄偉，雖是一九八三年才建造，卻是全台灣僅存的水泥雕塑金爐。

▲ 仔細流覽，古物藏在現代建築裡。

一覽廟宇先後事

宮規清新儉樸 宏揚關聖帝君節義精神

「**有**點愁、有點煩，心情鬱卒的時候，不妨到行天宮台北本宮去一趟，從車水馬龍的民權東路、松江路，穿過日、月門，抖落塵囂，踏進了恩主公的聖域，從那一刻開始，清靜、安定的心情就此發酵，一顆浮動的心，奇妙的漸次沉潛下來。」這是行天宮信眾手冊開宗明義所鋪陳的話。只要是人都離不開七情六慾的牽絆，碰到難解的煩悶或問題時，或多或少都需要一個可以傾吐的對象，這對象有時是人，不方便訴人的，就交給了「神」。站在行天宮廟門口，數數一天進入的信眾有多少，恐怕你會很驚訝，這世界有煩惱之人，還真是不少！而建廟三十幾

基本資料大公開

- ■廟名：行天宮
- ■建廟年代：西元一九六四年
- ■廟慶：農曆六月二十四日恩主公神誕慶典
- ■佔地：兩千坪
- ■地址：台北市中山區民權東路二段一〇九號
- ■電話：（02）2503-1831
- ■開放時間：凌晨4：00～23：00。
  但是特別日子的前一夜如：農曆元旦原始天尊聖誕、一月九日金闕上帝聖誕、六月七日開天門、六月二十四日關聖帝君聖壽、每月初一、十五、三月一日～八日春季祈安法會、九月一日～八日秋季祈安法會皆通宵開放。
- ■交通方式：搭5、63、225、285、617、33、72、民權幹線等公車，在行天宮站下車即可達。
  地圖：

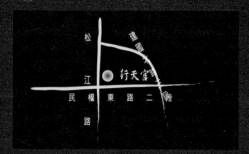

- ■主祀神：關聖帝君
- ■同祀神：岳飛、張單、呂洞賓、王善。
- ■配祀神：關太子平、周倉。
- ■祈求：財利、事業、意外、病苦等，事事皆可求。

▲ 行天宮清新簡樸的氣氛，有別於其他廟宇。

年的行天宮，確也曾撫慰不少人的創傷與失落，激勵過不少人面對生活的勇氣，難怪坊間一直將行天宮視為全台北市本土信仰信眾最多的廟宇。

行天宮主祀關聖帝君（關羽），是玄空師父（黃欉居士）所創；玄空師父是台北縣樹林鎮人，早年經營海山二坑煤礦，為礦業鉅子，不過，他卻淡薄名利、虔心修行，且重公益。在五○年那個物資缺乏的時代，由於履受關聖帝君的感召，因此一心一意要宏揚關聖帝君忠孝節義的精神，於是在一九五六至一九六七年間，挹注個人龐大的資金，以

▲ 行天宮香火鼎盛。

短短十二年時間為行天宮蓋了三座巍峨的宮廟，分別位於台北、北投、三峽。台北本宮於一九六七年落成，屬於儒、釋、道三教合一的民間信仰。因正殿供奉了包括關聖帝君在內的五聖恩主，人們感恩其濟世渡眾如救世主，因此，又慣稱行天宮為「恩主公廟」。

在玄天師父心中，行天宮是弘揚關聖帝君五

倫八德的所在，強調問心敬神，也勉勵信眾「修德敬神」，實踐八德以禮敬諸神。他曾說過一句名言：「信仰不用太破費」，所以初次來行天宮膜拜的信眾，或許也覺得這裡和其他廟宇很不一樣，有一股清新簡樸的氣氛；其實是建宮之初，玄天師父為了維護道場的清靜，就已明定了宮規：不設功德箱、不燒金紙、不拜牲禮、嚴禁商業行為、不擺攤設舖，不對外勸募或舉辦義賣活動等。也因此，在傳統道教宮廟中，顯得相當獨樹一格。事實也說明了，保存道場單純風貌的行天宮，並不因作法迥異而少了信眾，反倒信眾多為充滿祥和、清靜的氣氛所崇慕，每隔一段時間便來禮拜頌經，或懺罪悔愆，或祭解、收驚、消災解厄等，可說是無所不求。

閩南式廟宇建築 全台最好的水泥所建廟宇

台北行天宮本宮，所在十字路口位置，加上主體正面以十二根柱子開展，構成十一開間的宏偉氣勢，讓路過之人不禁多看幾眼；如此榮耀的門面，可是僅有文、武廟和皇宮才能享有的（一般多為五開間或三開間）。不過，其整體格局卻依稀呈現莊嚴簡潔的氣質，而燕尾翹脊（即飛簷造型）的軒敞屋宇搭配建築外牆的紅鋼磚，凸顯了關聖帝君「赤面如赤心」的人格特質。全廟呈現閩南式廟宇建築

◀ 虔誠的阿嬤口中唸唸有詞。

▲ 行天宮廟宇被公認為全台灣光復後，以水泥所建廟宇中最好的作品。

特色，並以鋼筋水泥創造傳統木造寺廟建築的品味；廟內佈局為口字型，格局大方舒坦，前殿（又稱三川殿）總共五開間，是全廟裝飾的焦點所在，而寬敞的廟埕，則是人氣最旺盛的聚拜區域，常見信眾摩肩接踵、虔誠的跪拜。整座廟呈現恢弘俐落的氣勢，被公認是台灣光復後，以水泥所建廟宇中最好的作品；進廟膜拜之餘，可別錯過仔細端倪端倪喔！

台北行天宮目前是由玄空師父兒子黃忠臣擔任董事長；黃忠臣在信眾見證書中講到一段話：「信仰者如果滿腦子只想著向神明祈求福祿壽，卻忽略了宗教內在的深層信念，這無疑是人們為自己畫下了一道界線，加深了與平安幸福之間的鴻溝，亦失去了最佳的實習契機。大家應該要知道，崇奉神明的真正意涵，是要向神明學習祂的品格精神及人情義理，並且經常與神明對話，來反思自己的言行舉止才是。」

口碑遠傳，廟內每天總有不同年齡層的男女老少，長龍列隊地等候收驚；據說孩童無故哭啼、胃口不佳、情緒不穩或大人心神不寧、記憶不集中、不易入眠，或無緣無故犯病無法根治等，收驚效果都不錯，如果隔日不見明顯效果，還可再來收一次驚。

突破繁華大街的庸擾，行天宮的素心作風，頗有隱於市的沉靜，心眼忙碌的當下，或許也就想進廟祈求，讓心靈獲得祥和寧謐。而如果你認為求神不如問卜的快，那麼就在廟外的地下道，可也有不少算命攤聚集；儼然小型的算命商場讓過路人是面面相覷，不禁要想，這到底是求神靈？還是問卜靈？當真天機不可洩漏，還是憑自心的淨化！類似的對照之妙，恐怕全台也只在行天宮廟外才有吧！

▲ 等候「效勞生」阿嬤收驚的信眾大排長龍。

效勞生虔心收驚 口碑遠傳

或許是長期秉持上述的信念，加上推行「讀好書、說好話、行好事、做好人」四大箴言，讓力行的信眾對恩主公很有感應，恩主公靈驗之說也因此不逕而走，不少人是俯首跪拜且擲筊求籤，虔誠模樣不禁令人動容。除了虔誠的膜拜祈求，行天宮還有項特色就是「收驚」，為其他廟宇所沒有；每天上午十一點二十分到晚上十二點，會有「效勞生（義工）」阿嬤，拿著一柱一柱香替信眾將失散在外的魂魄收回來，不能親自前來者，家屬也可以當事人的貼身衣物取代。行天宮的收驚儀式簡要靈驗，因此

顧名思義，是指大陸閩粵一帶流行的廟宇形式，是以鋼筋水泥創造傳統木造寺廟建築的品味，多見「翹脊燕尾」的飛簷造型，寺廟配置也保持傳統建築左右對稱的原則，為「口」或「日」字型。在建築裝飾上，蘊藏了數之不盡的民間工藝美術，例如，屋頂貼馬賽克的鑲嵌藝術「剪粘」，就是南方特有的民間工藝；廟頂上則常有雙龍護塔或雙龍搶珠，牆身上方與燕尾式曲背下，有懸魚裝飾，廟內的斗拱、瓜筒常有不同的裝飾……繪畫以花鳥、山水、人物為主，石柱以龍柱、人物、花鳥形式居多等等，整座廟就像是一座民間藝術博物館。

祈福情報面面觀

關聖帝君擅理財 又有財神之稱

　　關聖帝君也就是關羽、關公，他是中國歷史上有名的戰將，扶漢興劉，堅守信義，而且忠臣不事二主，所以被稱為「武聖」；一般人也都為他一生坦蕩磊落，進退有據，兼顧人情事理而印象深刻。《三國演義》第二十七回就曾引述曹操對其嘆謂：「雲長封金掛印，財賄不以動其心，爵祿不以移其志，此等人吾深敬之。」關聖帝君是三教（儒、釋、道）所共尊的，儒道奉為五文昌之一，又尊為「文衡聖帝」、「關西夫子」；道教奉為「協天大帝」；因顯聖玉泉山（大陸某地），佛教又尊為「蓋天佛」。此外還有一說，關聖帝君發明了「原、收、初、存」的記帳法，以表白自身的一介不取；後世認為他很會理財，因此另有「財神」與「商業保護神」的尊稱。

 你還可以這樣求

　　一、如果未能在山門關閉之前趕到，廟埕上設有「五聖恩主爐」，可以自備馨香祭拜；敬香時，必須面對正殿，有些人以為此爐為天公爐而站在反方向拜，那就不對了。

　　二、消災祈福、補運補命在各大廟宇都有舉辦，類似「祭解」，其意義就在於透過消災法會，課頌「南斗真君延壽真經」和「北斗星君賜福真經」以祈求趨吉避凶，諸事平安。行天宮的祭解項目有

祈福步驟如下：

1 在入口處洗手台上方取一盤子盛裝供品，如果供品是水果，則須洗滌後再放上。走進殿內，把供品擺供桌上。

2 從效勞生手中拿到四柱香，同時說聲「平安」以表示感謝。

3 走到拜亭前方的天公爐，敬拜玉皇大帝後，插一柱香在天公爐，再走到正殿明間，面對五聖恩主（關聖帝君及同祀神），同時稟報心中所求。

4 如果之後想要求籤，可在這時先稟報，請求賜給一支好籤。拜完後，插一柱香在正殿前香爐裡。

5 走到正殿左次間（背對正殿左手邊），敬拜關太子平（即關聖帝君的兒子），插一柱香。再走到正殿右次間，敬拜周恩師倉，插一柱香。

四種：祭元辰、祭關限、祭星、掩魂（見49頁說明）。參加祭解的人，須準備米糕和去殼的龍眼乾，米糕是傳統米食的補品，象徵生命的延續與補運、補氣之意涵。而去殼的龍眼乾則表示去災解厄，福至圓滿。如果供奉神明聖誕時，可再添加壽麵，祈祝且謝恩。

三、如果孩童「細漢歹育飼」，民間信仰中有讓小孩拜神明為契父、契母（也就是義父、義母之意）的儀式，叫做貫絭，是指用一條紅線貫穿方孔錢，然後戴在孩童身上，象徵契神隨身保佑，儀式通常選在契神的聖誕日舉行。由於行天宮是供奉五聖恩主，所以也收「契孫」，也就是「義孫」，凡是孩童、成人都可拜認恩主公為契爺爺，另以平安袋取代一般的貫絭，並定在每年農曆六月二十四日換發平安袋。

祈 求 時 要 準 備 的 東 西

為了勸阻迷信的行為，行天宮一向倡行節約敬神，不拜牲禮、葷食，準備供品時以當季水果和糕餅最佳，種類取單數為要，份量適當即可，不必過度鋪張。

雖然行天宮有五座香爐，其中一座位於廟埕，是方便讓來不及在廟門關閉以前趕到的信眾而設的，因此殿內有四座香爐。進殿後，現場有效勞生在拜殿前分發免費香支四柱。

台灣珍奇廟

感恩時刻心意誠

　　由於行天宮不設功德箱、不演戲酬神、不收受謝金牌，而且嚴禁廟內的效勞生（義工）遊說信眾以金錢、物品謝願，而是鼓勵信眾以懺罪修德來回報恩主公的感應，因此，強調一定要誠心誠意。曾有信眾從站牌下公車後，顧不得眾人觀看，也不怕日曬雨淋，三跪九叩的，一拜一感恩直到正殿，謝恩的心意相當誠懇。

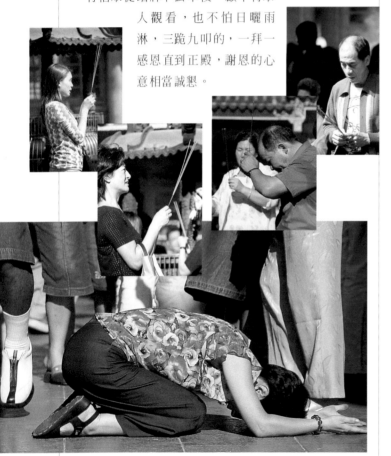

▲ 信眾虔誠膜拜之情，令人動容。

用心求支好運籤

1 求籤時，一支籤只能問一件事，先取兩個筊，雙手合十請筊，並且心中默念：「恩主公作主，我名叫×××，民國×年農曆×月×日生，家住……」並虔誠將所求情形詳細說明，希望恩主公示籤指點，然後問筊，如果獲得聖筊（聖筊一正一反，表示好或可），就是恩主公答應出籤指示迷津。如果是笑筊（兩面皆正）或陰筊（兩面皆反），表示不允，那就改變陳述內容重新問筊，如是不是稟報不清楚或此籤不適合……等。

2 求得聖筊後，便可到正殿籤桶抽一支籤；抽之前先攪和籤支，每支籤只能祈求一項。

3 抽一支籤後，要記住是清楚標示的第幾首，如「第八首　甲辛」，牢記心裡後，先將籤支放回籤桶，以方便其他信眾取用，再問笅是否此籤，擲笅後如果是聖笅，表示此籤無誤，否則須繼續抽取另一支籤，直到所抽取的籤支獲得聖笅為止。至於須得幾次聖笅，則視祈求的人心意而定，有人為求慎重起見，以三次連續聖笅為依歸。

4 記住聖笅的籤支所示的標示，前往事務所「發籤詩處」領取籤詩條；如想進一步了解詩意，可請效勞生或執事解籤詩。

 ## 祈福禁忌且留意

行天宮是供奉關聖帝君的「聖廟」，特別講究清靜，因此有些特別的禁忌，例如：

1. 嬰兒滿月後才能帶來收驚，產婦也要做完月子滿月後，才能來拜拜。
2. 曾出入產婦房間，須待嬰兒滿月之後。
3. 參加葬禮或告別式，須滿二十四小時。
4. 探視亡者最後一面，須滿一星期。
5. 父母或公婆往生，須滿四十九日，祖父母、夫妻、兄弟姊妹往生須滿三十五日。
6. 堂兄弟往生須滿八日。

行天宮祭解項目

◎祭關限：是指凡是生辰帶來或遭遇關煞時，可參加祭關限來預防或化解，包括水火關、冥府關、祭車厄、祭刀厄、生產關……等。

◎祭元辰：元辰是指個人出生日的干支；祭元辰的用意，在於祈求本命元辰光彩，理智而能分辨是非善惡，以消災解厄。

◎祭星：個人的運途，隨九星的吉凶而有所起伏變化，在星君下降日，以祭解化之。一個月固定有九天的祭星日。

◎掩魂：是指無論男女，從五歲開始，每隔九年「走刑運」；也就是在十四、二十三、三十二、四十一、五十歲……時，比較容易發生事端，影響自己或家人，最好掩魂來化解。

（以上摘自行天宮「信眾手冊」）

台灣珍奇廟

特殊慶典熱鬧來

農曆六月二十四日是關聖帝君聖誕，廟方都會舉行「大三獻禮」的聖誕法會；法會從凌晨六點開始，歷時一小時，氣氛莊嚴肅穆。行天宮的大三獻禮，係比照「台北市祀孔釋奠典禮儀節」的重點，最大的不同為供奉素食而不祀太牢（牛、羊、豬），也刪略了八佾舞。大獻禮的陣容龐大，五十六位禮生身穿白袍黑卦，各司其職，整個儀節動線既長且相當隆重。許多信眾一早就前來等待參加，以增長福慧；廟裡內外人潮湧動，擠的是水洩不通，人潮盛況更讓原已交通繁忙的松江路、民權路口一帶，陷入了大塞車景況。

建築之美共欣賞

行天宮歷史雖稱不上悠久，但是建築相當講究，值得在膜拜之餘細細瀏覽。首先是站在廟埕上，由正面往上看廟頂，是閩南建築常有的重簷歇山頂，燕尾翹脊配上綠色瓦當（屋頂瓦片在靠近屋簷末尾，圓形或半圓形的裝飾，用來擋瓦的）和滴水（瓦當和瓦當之間所設置的凹面朝上的瓦片，可引導雨水，也當作裝飾），顯得光鮮而不失莊重。走近前殿，仔細分辨，屋脊上站著四種不同造型的龍，像是W型、乙字型、回首龍、迴紋式拐子龍等，也都是特色。接著來到前殿五開間之前，可看到雙扇門板上嵌著一〇八顆門釘，傳說這一〇八顆門釘是代表北斗七星，三十六天罡和七十二地煞等一〇八位具有壓邪陣煞職能的天神，和一般廟宇的彩繪門神很不同，這也是行天宮最有特色之處。

前殿的五開間，以中間的明間最寬也最尊貴，是神聖的通道，一般時間是不開的，除非迎神送神或接待國家元首。再瞧瞧門前左右的鎮門獸，可是和一般常見的石獅不同，此為「仁獸麒麟」，是行天宮的精神象徵之一。在進入正殿

▲「仁獸麒麟」是精神象徵之一。

▲ 楹聯俱為名書法家的真跡雕刻而成。

後，值得一看的是廳堂前的楹聯（楹是指廳堂前的直柱），有刮木及洗石的材質共二十七對，都是五〇年代書法名家所撰書的真跡雕刻而成，如于右任、傅狷夫、張維翰……等，眾多名家之筆匯聚一廟，體例不一且韻道特別，別有欣賞樂趣。

幅員廣大指南宮 爬山健行身心舒

在春暖花開的櫻花季節，除了上陽明山賞櫻花，很多人可能不知道，木柵指南宮後山可也有美不勝收的櫻花及杜鵑花，一點也沒讓陽明山專美於前；不過，如問起木柵有座要爬一千兩百級石階才能抵達的觀光大廟，那可就無人不曉囉，此廟不僅一次可以完整膜拜佛、儒、道三教神祇，還能賞花健行外加爬山，這是別廟所比不上的，此觀光大廟，即「指南宮」！

指南宮俗稱「仙公廟」，主祀孚佑帝君，也就是八仙中的呂洞賓（或稱呂純陽、呂恩主），道教稱祂為「妙道天尊」，釋家則稱「文尼真佛」。指南宮的「指南」是取「指定為天上南宮」之意，因「呂恩主在天庭居於南宮」，而「濟世渡人要有指南針」。

指南宮位於台北指南山兩百八十五公尺山麓，老一輩人習稱猴山坑；話說清光緒八年淡水知縣王彬林來台履任時，將呂祖從山西高原分靈來台，最初是供奉在艋舺「玉清齋」。當時因為景美街許多鄉民病死，當地仕紳就將呂祖迎到景美，傳染病因而平息；也有雙眼目盲而重見光明，或者求子得子的知縣夫人等靈驗事蹟傳

▶ 純陽寶殿開啟恢宏殿門
迎接往來香客。

基本資料大公開

- ■ 廟名：指南宮
- ■ 建廟年代：清光緒十年（西元一八八四年）
- ■ 廟慶：孚佑帝君（呂祖）成道紀念日，最為盛大。
- ■ 佔地：至少數十公頃（無明確數字）
- ■ 地址：台北市文山區萬壽路一一五號
- ■ 電話：(02) 2939-9920
- ■ 開放時間：5：30～21：00，但每年除夕當天皆為通宵狀態。
- ■ 交通方式：
  - 公車：搭236、237、282、512或指南1、3路，在政大站下車，循指南路二段公路再接萬壽路上山，共約步行五十分鐘才可達。或搭指南客運2路可直抵指南宮。
  - 開車：進入木柵區後，循指南路二段後不久即有指標接萬壽路上山，山路車程十分鐘內可達。

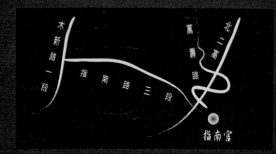

- 地圖：
- ■ 主祀：孚佑帝君呂純陽祖師——呂洞賓
  - 陪祀：財神爺、城隍爺、五祖殿、註生娘娘、地藏王菩薩、山神。
  - 同祀：
  - ◎ 凌霄寶殿：一～三層為中華道教學院院址，第四層為三清殿，奉祀元始、靈寶、道德三天尊，五～六層供奉嘉、舜、禹三官大地及玉皇大帝。
  - ◎ 大雄寶殿：六～七層文正殿，供奉釋迦牟尼佛、阿彌陀佛、藥師佛、觀世音菩薩。頂端設有十八佛及十八羅漢洞。
  - ◎ 大成殿：主祀孔子，分祀孟子、曾子。
  - 祈求：理髮師祈求生意，或一般祈求身體、學業、財運……等，無所不可求。

出。後來因為信眾不斷增加，仕紳們因此提議建廟奉祀。信眾中就有一位瀕死而康復的地主，為了感念呂恩主願意將自家土地捐出，所以占奉宋代張道陵張天師，從中又得到猴山坑為一處寶穴的乩示。不過地土遍尋家中土地，就是沒有半處位於猴山坑，心急之下又請示呂恩主，得示：「只要有心，一定有土地」。地主回家後就此請示長輩，意外獲得長輩告知，有位債務人以地抵債，此地正是猴山坑，地主因此將地收回，如願捐地建廟，時年為光緒十六年。

五殿同立　氣勢遼闊

指南宮起初只是茅草成廟，最早只有供奉呂恩主的純陽寶殿，此殿曾在一九二一年大興土木，請來了當時台灣傳統建築界的大師陳應彬來作修建的工作，因此成為陳應彬後期的代表作。由於呂恩主在修行時，先後經過道教、佛教洗禮，也對儒家思想頗有心得，後來廟方為了遵奉其「性命之理、三教同體、門戶大開、人其擇取」的教義，就在原本道教宮殿格局之外，陸續擴建了大成殿、凌霄寶殿、大雄寶殿，以及尚未竣工的地藏王寶殿；可說是五殿同立，也說明了指南宮「儒釋道三教」同尊的理念。

從停車場沿石階往上爬，階旁穿插了一些飲食店、商店，還有很多石燈座，樣式設計很古雅，有的柱頂設有放油燈的小凹槽，是日據時期信徒所捐獻的。每走百多階，都有平台可供休息，最特別的是來到最後一層平台，視野開展遼闊，將台北盆地盡收眼底！而純陽寶殿就高高位於末段陡升的石階

▲「天下第一靈山」題匾呼應莊嚴恢宏的內殿。

53

▲ 台北盆地盡收眼底。

之上，讓人頗有仰之彌高的神聖感，似乎每登一級，離上達天聽之路不遠，世界也更加的遼闊！

經過山門來到寬敞的拜殿，「天下第一靈山」題匾高掛純陽寶殿，呼應殿內的莊嚴恢宏，兩邊石壁有青斗石刻壁畫，刻的是呂祖的傳說故事，相當值得欣賞。本殿除了主祀呂祖外，還有城隍爺、地藏王菩薩等陪祀神，自成一個完整的祈福動線，是祈福消災，廣化群生的道場。

廟貌莊嚴素樸　香客絡繹不絕

循著本殿後方右側景色怡人的斜坡小徑上走，處處可見發揚忠孝節義的圖文，接著來到了六層高的凌霄寶殿，殿內有許多神佛，而且經常有法會在此舉行；天兵天將護衛在門簷上，顯得莊嚴肅穆，登樓四望的景色莫不讓人心曠神怡。

至於七層的大雄寶殿，從木柵貓空對望，就像是個釋迦牟尼佛頭像，因此又稱「佛祖殿」。寶殿氣勢非凡，雕刻精琢，望盡整個充滿綠意的貓空，每一層都是不同的境界，是靜思、散心的好去處。

沿正殿左側走道走過去，來到指南觀光果園，除了視野遼闊，還有露營場，兩地之間有條山路通往後山的大成殿（又稱孔廟），殿外花木扶疏、優雅寧靜；殿旁寫著：「登聖入堂、息賢士駕」八字，襯托出莊嚴素樸的廟貌。牆外則有孔子和弟子周遊列國的浮雕，並環繞一隻麒

▲ 矗立山林間的大雄寶殿顯得氣宇非凡。

麟；在此化外人煙罕至之境，孔老夫子的精神似乎更顯珍貴，不過，也只有在考季巔峰時期，人們才會想起它吧！

傳說仙公呂洞賓自從得道成仙後，時常來到人

▲ 純楊寶殿殿後，膜拜山神後，別忘了也插一柱香。

 祈福情報面面觀

主祀呂洞賓　妙聞千里傳

　　指南宮主祀呂祖（呂洞賓），是以儒者得道，著作的詩文以道家思想為體，以儒釋兩家思想為用，因此指南宮可說是一座三教同體的宏偉宮殿。

　　呂恩主，唐朝人，傳說出生的時候滿室異

間普渡眾生，加上有關祂的傳說充滿了故事性，所以是一位很得人緣的神；世間人們崇敬呂祖的誠意，亦從香客絡繹不絕前來，可見一斑。就連假日山頭也因為處處鳥語花香、蟲鳴鳥叫，吸引了觀光人潮來此登山覽勝。就算不是抱著祈求之心，據說這裡還是木柵有名的神像博物館，連西遊記裡「孫悟空」這小說人物都出現了；膜拜之餘，不妨也順道欣賞欣賞吧！

▶ 膜拜之餘，別忘了欣賞建築之美。

台灣珍奇廟

▲ 充滿傳說故事的呂祖，深受信眾虔誠膜拜。

香，還有神仙騎著白鶴從天上降下來。小時候就聰穎過人，十歲會寫一手好文章，二十歲能文能武；後來中進士，擔任縣令，但是因為天下大亂而棄官遊廬山，得到火龍真人的真傳。相傳在山中隱居修道時，恰好找到一個有兩個洞口的山洞，就以呂為姓（有雙「口」的意象），又因為自詡是洞中的賓客，因此取名「洞賓」。後來又得到漢鍾離傳授點金術，以致成道。大道圓成後，從五代到現在，千百年間關懷民間，隱現不一，歷代都有封號。在民間信仰中，被奉作八仙之一，俗稱呂恩主、仙公或呂純陽。

指南宮由四個殿組成，主要以拜純陽寶殿主神居多。時間充裕的話，要再拜其他大殿，可在來到該殿時再點香支，原則上每個香爐插三柱香。以下以純陽寶殿為例，全殿僅兩個香爐，各插三柱香，共六支香。祈福步驟如下：

1 如要添購供品，可到香燭販賣部購買乾果之類，取得一份套裝組合後，將供品擺供桌上。

2 點好六支香，站在拜殿朝殿外膜拜，拜完不須插香。

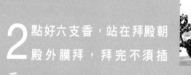

3 轉身向內拜主神呂祖，同時裏報心中所求。如果待會兒想要求籤，可在這時先裏報，請呂祖賜給一支好籤。拜完後，插三柱香在拜殿的香爐裡。

4 手上尚有三柱香，依序繞拜殿周圍的陪祀神，如呂祖聖尊寶殿，及殿後的城隍爺、五祖殿、註生娘娘、地藏王菩薩，再到殿後正中央面對後山拜山神，把剩餘的三柱香插在該處香爐裡。

5 之後再回到拜殿，拿起所有金紙向呂祖一拜，把香紙拿到集中處，廟方會統一燒化。

祈求時要準備的東西

廟內有販售部，可買不同套裝的供品，包括香支、天公金、小壽金、卦金、土地公金；至於鮮花水果或牲禮等供品，則視個人心意。

　　關於呂恩主的傳說相當多，很有趣的一則是，祂很想要追求何仙姑，卻屢屢被拒絕，覺得相當苦惱、難過，後來甚至有怨恨之心，看到凡間的情侶就拆散他們；因此坊間傳說戀愛中男女最好不要相約來廟參拜，至於是真是假，廟方笑答無稽，傳說罷了！

　　另一則朱元璋（臭頭皇帝）的傳說也很有趣。相傳每次請人剃頭時，理髮師都會弄破他頭上的惡瘡（也就是「臭頭」）。朱元璋每次都痛得哇哇大叫，氣憤之下叫人把理髮師拖出去「斬了」，呂洞賓眼看接連好幾位理髮師被砍頭，非常不忍心，因此下凡化身理髮師，替朱元璋剃頭，還順便治好他的惡瘡。因此，現今都還有理髮師奉呂洞賓為保護神。

呂祖籤支共六十支，以甲子標示，應用的範圍包羅萬象。

1 求籤時，一支籤只能問一件事，先取兩個筊，雙手合十請筊，並且心中默念：「呂祖作主，我名叫×××，民國×年農曆×月×日生，家住……」並虔誠將所求情形詳細說明，希望呂祖示籤指點，然後問筊，如果獲得聖筊（神筊一正一反，表示好或可），就是呂祖答應出籤指示迷津。如果是笑筊（兩面皆正）或陰筊（兩面皆反），表示不允，那就改變陳述內容重新問筊，如是不是稟報不清楚或此籤不適合……等。

2 求得聖筊後，便可到正殿籤桶抽一支籤（籤支六十支）；抽之前先攪和籤支，每支籤只能祈求一項。抽一支籤後，記住清楚標示的第幾首，牢記心裡後，先將籤支放回籤桶，以方便其他信眾取用。再問筊是否此籤，擲筊後如果是聖筊，表示此籤無誤，否則須繼續抽取另一支籤，直到所抽取的籤支獲得聖筊為止。

3 至於須得幾次聖筊，則視祈求的人心意而定，有人為求慎重起見，便協議要三次連續聖筊。

4 記住聖筊的籤支所示的甲子，取籤詩。取籤詩的地方，有專人服務解籤詩，解籤時間是8：00～17：00。

你還可以這樣求

拜呂祖須準備金紙外，也可加買八路財神金，放在呂祖至尊寶殿前方，該殿就位於拜殿旁邊，裡面供有最近從大陸迎請來台的呂祖神像及財神爺、陪祀神，可藉此補補財運。至於其他大殿，可針對不同的神祇祈求，像是考季到時許多考生來到大成殿，保佑考試順利，一舉中的。

感恩時刻心意誠

得到呂恩祖的感應，答謝是不可少的。酬謝時以誠意為原則，可以再拜一次或添香油錢，添香油錢可到登記處捐款，開立收據。比較隆重的則以拜斗（消災解厄、祈福延壽的科儀）答謝，方式是先捻香拜完後，再擲筊請示呂祖可否進行拜斗，如獲得應允，就到登記處登記寫疏文，繳費之後（費用不定，視個人所需），廟方會安排穿著道袍的法師，帶領信眾在正殿進行拜斗誦經儀式，原則上每天都可進行，拜斗時間從清早六點開始，下午兩點多結束。

▲ 拜斗儀式由法師帶領在正殿進行。

◀ 八路財神金，補補財運。

祈福禁忌且留意

坊間傳說情侶最好不要前來膜拜，但廟方笑稱傳說並無根據，僅此提供參考。

 ### 特殊慶典熱鬧來

每年指南宮大小慶典法會不下四十場。由於農曆五月十八日為孚佑帝君（呂祖）成道紀念日，廟方從農曆五月十六日至十八日，特別舉行三天禮斗誦經拜懺，祈求風調雨順，為善男信女增延福壽，同時為契孫消災祈福，這是全年最大的慶典，十八日當天上午十點並依照傳統禮儀，舉行類似孔廟祭典的三獻大禮，整個祝壽儀式莊嚴肅穆，常常吸引了不少虔誠信眾前來參加。

 ### 建築之美
共欣賞

指南宮各殿的建築都相當巍峨雄偉，壁畫石刻與雕樑畫棟都出自名家之手，矗立在翠綠山林中，顯得氣勢非凡。

◀ 壁畫教忠教孝，值得細細流覽。

值得一提的是，來到純陽寶殿，絕對不可錯過主殿的兩邊牆壁，有信徒捐贈由青斗石雕刻而成的壁畫，每一塊都是大陸聘請精師雕琢，再運來指南宮拼裝而成，仔細看刻的全是呂祖的故事。右手邊由外到內的六幅畫，講的是「純陽祖師成道記」，內容分別是(1)瑞應永樂，(2)神仙進仕，(3)終男修道，(4)黃粱夢覺，(5)真人贈劍，(6)修成大羅。

▲ 出自名家之手的石刻。

來到左側由內到外的六幅畫，講的是「純陽祖師顯話圖」，內容分別則是(1)點石成金恐誤世，(2)三醉洞庭渡柳仙，(3)顯化神渡曹國舅，(4)雲遊巧渡何仙姑，(5)二仙秘授渡重陽，(6)點龍穴猴山建廟（此幅形容的是指南宮的建宮起源）。

此外，大殿前龍柱是大陸泉州巧匠的作品，大殿後方圍牆上，還有一青斗石雕成的龍頭，也就是鎮山的山神，稱為山龍，亦相當具有特色。

安宮

基本資料大公開

- ■廟名：保安宮
- ■建廟年代：清嘉慶十年（西元一八〇五年）
- ■廟慶：每年農曆三月十五日保生大帝誕辰祭典、繞境過火、踩街、三獻禮。
- ■佔地：約三千多坪
- ■地址：台北市大同區哈密街六十一號
- ■電話：(02) 2595-1676
- ■開放時間：6：30～22：30，農曆三月十三、十四，六月六日不關廟門。
- ■古蹟導覽服務：周六、日9：00～11：30，14：00～16：30。非假日，須兩週前預約，聯絡電話：(02) 25951676轉圖書館。

- ■交通方式：
  - 捷運：搭淡水線至圓山站下車，由庫倫街轉大龍街，約十五分鐘步程。
  - 公車：搭2、9、21、223、246、250、255、302、304副線、601、669、紅33在重慶北路酒泉街口站下車或搭41、288在大龍峒保安宮站下車。
  - 開車：循重慶北路上行，至酒泉街右轉，再左轉大龍街即抵。
- ■主祀：保生大帝
- ■副祀：媽祖、土地公、註生娘娘、關聖帝君、神農大帝、孔夫子神位、玄天上帝、三寶佛、玉皇大帝。
- ■祈求：求藥籤及其他。

 ## 一覽廟宇先後事

專治疑難疾病的保生大帝

大龍峒保安宮，與龍山寺、清水巖祖師廟並列台北市三大寺廟，主要奉祀行醫濟世的保生大帝，由福建同安籍居民從白礁鄉分靈來台。保生大帝是福建省同安縣白礁鄉人，自幼茹素，俗稱「大道公」，又稱「吳真人」、「吳真君」、「花轎公」、「忠顯侯」、「英惠侯」等。傳說他精於病理醫術，修練得道升天後，還時常顯靈濟助凡間百姓，被宋太祖追諡為「昊天御史醫靈真君」，宋高宗在一一五一年為祂建廟，並封為「大道真人」；一般人有難治的病都會到廟裡求祂，因此也被醫生、藥商尊奉為守護神。

歷時二十五年完成的恢宏大廟

建於一八〇五年的保安宮，石材、木料、師傅都來自大陸，因格局恢宏、工程浩大，歷二十五年才完成，是典型的清末三殿式大廟，即前殿、正殿、後殿；全殿面開五開間，屋頂為歇山重簷形式，現今建築是多次重修的結果。一九一七年大修

▲ 保生大帝行醫濟世，也被醫生、藥商奉為守護神。

時，木雕更請來陳應彬與大稻埕郭塔對場興修，各顯身手，精雕細琢，是台灣相當著名的對場寺廟。正殿壁畫則是台南名匠潘麗水於一九七三年所繪，內容多為教忠教孝，也有如鍾馗嫁妹、八仙大鬧東海、花木蘭代父從軍等，構圖嚴謹，用色華麗不失典雅，堪稱潘氏代表作。

最近一次，便是甫於二〇〇三年完成的七年大修，施工嚴謹、材料講究，創下台灣古蹟重修的奇蹟，無論是閩南磚瓦、滴水、泉州花崗石、釉燒瓦當、花瓶欄杆，都以接近原貌的要求去修補或重做。為了叩謝天地神祇在修復期間的庇祐，又適逢保生大帝1025歲聖誕，廟方從四月到七月舉辦長達三個月的慶祝活動，更依照傳統道教科儀，在六月十三至十五日舉辦了保安宮八十餘年來最大醮典「慶成醮」，相信參與過的民眾，無不印象深刻，堪稱一場豐饒的民俗嘉年華會！

▲ 保安宮的土地公升格了。

同祀神眾多　儒道佛共祀

兩百六十年來，隨著台灣民間信仰的多重需求，保生大帝在信眾心中，已漸漸從基本的醫病神格轉變為多功能神能。正殿除主祀保生大帝外，神龕前尚有手握刀槍的三太子（中壇元帥），兩旁還陪祀一百七十五年歷史的三十六尊神將，負責維護神龕安全，抵擋邪靈惡煞入侵，保生大帝的神通廣大就此更為彰顯。這些神將是泉州名師許嚴花費五年完成的雕作，精湛逼真，可說是全台官將神像中精美之翹楚，奉祀時不妨順道一覽。

同祀神眾多，向為台灣廟宇特色，保安宮也不例外，儒、道、佛共祀；其中最具特色，也是保安宮僅見的就是土地公升格了。早期人們感念土地公讓出空間予大龍峒瘟疫期間請來坐鎮的保生大帝，所以便為土地公戴起烏紗帽，取代一般的員外帽，另左右還陪祀文武判官，如同具有城隍爺般的神格；從另一角度來看，可感受當時人們慈悲、可愛憨直的個性。

此外，專門管理人間生育的註生娘娘，除了陪祀十二婆姐外，還有全台僅見的池頭夫人。舊時代難產婦人多被家屬草率埋葬，不安的家屬便祈求池頭夫人善待婦人，使其早日脫離苦海。時至今日，每年農曆七月十四日晚間，池頭夫人便被請至輦下祭拜，信眾如有親人流血而亡，便可報名請道長牽輦，將亡魂救離苦海。因此，池頭夫人又被稱作「輦腳媽」。

▲ 將亡魂救離苦海的「輦腳媽」。

台灣珍奇廟

至於後殿的神農大帝，則呼應前有照（寬闊）、後有靠（靠山）的建築形式，除了以藥神神格呼應保生大帝的醫神，也是人們祈求五穀豐收的五穀仙帝。

▲ 具有藥神神格的神農大帝。

保安宮的濃厚地域性色彩尚不只此，另有一個特殊之處是，孔夫子在此竟然也有「神位」。日治時期的孔廟一度遭軍隊毀壞，因明治尊孔，每逢孔子誕辰便請出牌位，輪流在各廟祭祀；一九二七年孔廟落成後，保安宮為了紀念過去曾在廟內祭孔，便設神位。雖說注定考不考得上應為魁星所掌管，孔老夫子可幫不上忙，卻仍有不少學子來此請託他老人家，或許祈求賜予智慧，好在考場硬仗裡，靈光一現吧！

▲ 孔夫子也有神位喔！

推展廟埕文化　沈澱浮動的心

保安宮的廟堂氣氛祥和、清靜不雜亂，讓人走入其間，輕易感受寧靜的特殊氣氛；而保生大帝從醫病轉為多功能的神格特性，加上同祀神眾多，拜完一圈，可謂人生生老病死之所求，就此完成。鯪鯉田野工作室執行人林志峰強調：你帶著所有外面的不好進殿來，祈求之後，讓神明把不好的帶走，又是一個新的開始；更可以藉此讓浮動的心沉澱下來。凡事要先自助，然後再祈求；祈求以心誠最重要，其餘的，就交給神明解決囉！

除了救苦解厄、渡化人心的傳統廟宇特性，保安宮立基於二級古蹟，近年來也努力推展廟埕文化，將每年農曆三月二十五日保生大帝聖誕所舉行的傳統祝聖活動，成功轉型為宗教民俗藝術盛會的「保生文化祭」。文化祭短則一個月，長達三個月，在大台北地區掀起了一連串民俗文化熱潮，也吸引國外遊客結群前來觀賞。除了呈現傳統廟埕文化人性化、現代化、藝術與精緻性的嶄新風貌，近年來，保安宮也致力維護、成立文史工作室，將廟內的設備全面電子化。

古廟、藥籤、文化、現代……今日的保安宮可謂融合多元內涵，成為大龍峒民間信仰及文化園區的要角，宛如搭起了一座失修已久的人情棧道；讓即使心無所求、匆忙來去的過客，也會想進廟走走，沉澱一下心緒；或者捻柱清香、雙手合十誠心膜拜，求個闔家平安也好！

祈福情報面面觀

求藥籤詩顯神蹟　心誠則靈莫迷信

　　宗教除了渡化人的心靈，其悲天憫人的特性也讓人們在遭遇身體病痛時，會想透過求神問卜的方式，求得痊癒與解脫，此一現象可謂中西皆同。西方傳教士到世界各地傳教，常見創立醫院行醫救人；中國佛、道教也有所謂藥籤的設置，例如：保生大帝藥籤、佛陀藥籤、天上聖母藥籤……等數種。藥籤歷史由來已久，在沒有醫師法的舊時代，屬於民間療法的一種，信眾所求完全來自於對神明的感應；因此，常有不少靈驗事蹟傳出。

　　大龍峒保安宮的藥籤，是為保生大帝藥籤，已有兩百六十多年歷史。隨著現代醫學發達，近來雖然求藥籤已趨沒落，不過，還是有不少篤信的民眾認為：只要心誠就會靈驗。廟方強調，當然，生病了還是得先找醫師，至於信眾得到保生大帝的感應，通常是不可言語的，廟方並不予特別宣揚，多

半是信眾還願或解籤詩時透露，才廣為人知。像是喉嚨痛了很久治不好，求得的藥籤就是治喉痛的藥，或是腰酸背痛手抬不起來、腸胃不佳、長期便秘……也有靈驗的解籤等。最特

殊的例子是，有位三十多歲的年輕婦人一直以為自己感冒，卻怎麼也治不好，便來祈求藥籤，而保生大帝給的竟是治療腫瘤的藥方，年輕婦人當時質疑，也就不予採用，沒想到幾天後發病，證實是罹患腫瘤，讓她感覺冥冥之中神明有所指示，至今仍常見到她三步一跪拜的來廟還願，祈求身體早日康復。

　　不過，保生大帝可也不是來者不拒的喔！就曾有信眾求減肥、治香港腳、紓解工作壓力的籤，卻

都求不到；不知是古代沒有這類病症而無解，或醫神根本就認為偏離救人濟世之道，自然無從得知囉；想求藥籤的話，還是別出太難的考題吧！

請你跟我這樣拜

不管求藥籤或其他，求籤前都須先膜拜眾神。如果時間不夠充裕，就點六柱香，拜主神保生大帝即可（六柱香乃依民間信仰不成文規定，天宮爐插三柱、保生大帝爐插三柱）。時間充裕的話，可視自己需要，想膜拜幾尊同祀神，便多點幾支香，同祀神香爐各插一柱香。全廟共十座爐，一一繞拜便需十六柱香。步驟如下：

1 到拜殿將供品擺在供桌上，再到旁邊燭臺點好蠟燭，並插好。

2 點好十六支香，站在拜殿朝殿外拜天公，插三柱香在天公爐。

3 轉身面對保生大帝祈求，同時稟報心中所求。如果待會兒想要求籤，可在這時先稟報，請保生大帝賜給一支好籤。拜完後，插三柱香在正殿前香爐裡。如果有更困難、想更親近保生大帝的祈求，可來到正殿前廊下（再拜殿）跪拜求之。

4 手上尚有十柱香，再依序從進門後的右到左邊、一到三樓，膜拜同祀神，每座香爐各插一柱香。

5 回到拜殿拿起所有金紙向保生大帝一拜，再拿到廟外金爐燒化。

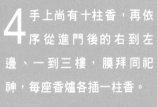

藥籤處方都有根據

兩百六十幾年歷史的保生大帝藥籤，針對大人有一百二十首、小孩三十六首；籤種完全依據人體各種病症，細分為一百二十種，包括婦科、腸胃、脾、咳嗽、感冒、心臟……等。最特別的是，記得求外傷籤支時，如治皮膚潰爛、消種、跌打損傷……等，要抽針對小孩的三十六首籤支喔！至於籤詩處方，在「藥籤解」一書裡詳列了藥引、劑量、主治功能。而藥石各有其藥性，配置得當固然能救人，如果不小心出錯，也可能造成傷害，因此廟方秉著實事求是精神，在一九九八年時，用科學方法重新認證藥籤的療效，特別遠聘北京中醫藥大學資深教授魯兆麟先生，根據兩百六十幾年前手抄本主持審訂，再重新整理、加註編印而成。經仔細查證，這些藥方確實都出自正統中藥方，或先人嘗試過的經驗方，療效明確，而且藥性溫和不致傷身。

你還可以這樣求

筆者採訪時，巧遇求子成功的楊小姐，遠從三重來還願；現年三十八歲的她說，三十一歲時五月份來求註生娘娘賜子，六月中便懷孕，這些年來一有空就帶孩子來拜拜註生娘娘和保生大帝。

祈求時要準備的東西

可在廟內買一整套：包括香十六支、蠟燭一支、天公金、壽金、卦金、土地公金、糕餅、小餅乾。保生大帝茹素，如要自備供品，以鮮花素果為主。

傳統社會沒有超音波，婦女懷孕後便來祈求懷男孩，整個懷孕過程就會很愉悅。若希望祈求註生娘娘保

佑懷男孩，可準備一盤白花上面放朵紅花當供品(每逢初一、十五，可在廟外向老婆婆購買)，拜完註生娘娘後再向前面一尊花婆祈求。嬰兒出生三天後，可準備雞酒、油飯和香燭紙錢還願。俗諺「三月廿人看人」，便是形容註生娘娘壽誕當天，「求子若渴」的婦女來廟中祈求香火延續的盛況。值得一提的是，這裡有註生娘娘專屬籤桶，籤桶、籤詩都設在神桌旁。

感恩時刻心意誠

願望達成後還願，可按求願的同樣方式膜拜一遍，至於供品仍以水果、鮮花為主，講究一點的人另準備牲品。捐香油錢也是一種表示，除了投進香油錢箱，也可到服務處捐獻，廟方一律採電腦化透明作業開立收據；如果想讓神明確知你的心意，可將收據拿到正殿旁小火爐上焚燒掉，藉著升煙裊裊，上達神明。

每年農曆三月十五日的保生大帝誕辰，保安宮均會舉辦年度盛大祝聖活動，近年更轉型為宗教民俗藝術盛會的保生文化祭，成為台

▲ 保安宮文化祭宛如一場盛大的民俗嘉年華會。

灣觀光盛事之一。文化祭從三月初五到二十八日持續舉行一個月的「家姓戲」：內容包括歌仔戲、掌中戲、南管、北管等，劇團彼此較勁，甚至搬演國家劇院公演戲碼，觀眾可大飽眼福。此外，還陸續進行宗教導覽、義診、寫生比賽、攝影比賽、保安宮美展等活動，共長達兩個月，宛如一場盛大的民俗嘉年華會。

二〇〇三年逢保生大帝1025歲聖誕，聖誕前一天上午便有各地陣容浩大的民間藝陣，包括十家將、宋江陣、高蹺陣、十二婆姐陣、花鼓陣、獅鼓陣等，近千人在保安宮前競技匯

用心求支好運籤

求一般籤詩和藥籤的方式皆相同，籤桶卻很不一樣，藥籤不僅籤桶歷史悠久、籤支較小，為了避免信眾混淆，並不放在拜殿上，抽籤時要到服務處領取，再抱到拜殿抽，抽完再歸還。以下分別就求藥籤、一般藥籤步驟解釋。

1 求籤時，一支籤只能問一件事，先取兩個筊，雙手合十請筊，並且心中默念：「保生大帝作主，我名叫XXX，民國X年農曆X月X日生，家住……，來這裡向您求……的，請求您應允，給予聖筊一次（即：筊面一正一反，表示好或可）」。之後便擲筊，聖筊後再抽籤；如果是笑筊（兩面皆正）或陰筊（兩面皆反），表示不允，那就改變陳述內容，如是不是稟報不清楚或此籤不適合……等，重新擲一次。

2 求藥籤的人，聖筊後到服務處抱藥籤桶到正殿，擺供桌上。求一般籤，可到左邊或右邊大籤桶抽取（籤支60支）。抽之前先攪和籤支，每支籤只能祈求一項。

3 抽到籤支，記取號碼並將籤支放回籤桶，擲筊請問保生大帝：「我抽的這支籤，是不是您應允的，是的話，請應允聖筊一次（為求慎重，也可協議請他應允三次連續聖筊）。」如得到的是笑筊或陰筊，就須調整問話內容，重新請示，直到聖筊。

4 記住最後聖筊的籤號。求藥籤，可到服務處依照號碼對照「藥籤解」一書，找到註解。如果抽一般籤，抽右邊籤桶的則取右牆面的籤詩，左邊同理；可依籤詩上白話文釋意，或請服務台解說。

祈福禁忌且留意

服喪期間或作醮大典時，女性如臨月事期間避免來廟。

建築之美共欣賞

▲ 「過火」儀式具有百年歷史。

演，下午展開聖駕出巡繞境踩街大同區，行列盛大，吸引上萬人潮隨行、夾道燒香祈福。三月十五日早上便依古禮擊鼓、啟扉、迎神、上香、行三獻禮，並頌唱「保生大帝靈蹟歌」，祈求國泰民安。下午舉行行之有年的同安百年儀式「過火」，象徵洗滌污穢、增添神明威靈。許多虔誠的信徒守候在旁，準備撿拾過火後的木炭；據說這種木炭帶有神明「靈氣」，泡水飲用可保平安、治百病，還說治咳嗽最有效哩！

保安宮形貌古雅，頂飾的剪黏藝術、交趾陶、重簷間的吊筒與垂花，都是民國初年廈門名匠的傑作，全廟堪稱傳統美術館、活的文化財，位居台灣廟宇建築史重要地位，因此被政府列為二級古蹟。膜拜之餘，不妨細細瀏覽其建築格局及裝潢藝術成就；尤其前殿嘉慶十年（1805年）所雕、全廟歷史最悠久的蟠龍石柱，龍身蟠轉有力，雕工練達，為台北所見龍柱之傑作。

 一覽廟宇先後事

福德正神土地公　拓墾闢福護先民

猜看，全台大小土地公廟總共有幾間？至今恐怕還是無人可以精確計算出來吧！對於土地神的崇拜，世界各地原始部落都有此信仰；在中國民間信仰中，土地公的歷史由來甚久，《後漢書》中就有記載：「有社公之稱，是天下的社神，通謂皆宜公。今訛為土地公，且繭袍烏帽裝白髮翁矣。」原來，當時的土地神就已是老者的造型了。

早期先民渡海來台開墾，披荊斬棘以求落地生根，因此對土地有操縱權的土地神特別的敬奉；加上中國人「有土斯有材」的觀念，聚落甫集的士農工商各界，都有人在供奉，因此台灣各地不論田頭田尾、陌野荒林，到處可見土地神、土地公廟的蹤跡，這尚且不包括請到家裡、店中供奉的土地神爺爺呢！這尊台灣信眾最多的神祇，民間也暱稱祂福德正神或福德爺，而說起北部盛名的土地公廟，則非中和烘爐地南山福德宮莫屬；不過，祂可不在平地低矮小廟裡喔，信眾得爬上海拔三百零二公尺，方能一睹這一間因生意人膜拜而香火鼎盛的廟。

基本資料大公開
- ■廟名：中和烘爐地，又稱南山福德宮
- ■建廟年代：西元一七三六年
- ■廟慶：農曆二月一～二日福德正神千秋暨禮斗法會（禮斗是祈求延生賜福之意）
- ■佔地：兩百坪（幅員70餘公頃）
- ■地址：台北縣中和市興南路二段三九九巷五十弄二十號
- ■電話：（02）2942-5277
- ■開放時間：5：00～23：30
- ■公車：搭249、809，在烘爐地站下車，沿登山步道步行約要兩公里之遠。
- ■捷運：搭捷運在南勢角站下車，轉乘捷運接駁公車（自強國中－烘爐地），在山頂烘爐地停車場下車，沿登山步道步行約一百公尺。
- ■開車：如從台北市前往，可經永和中正路，連接中和興南路，上山即循此唯一道路可達。

地圖：

中和交流道　北　二高
照明燈
觀音寺
寬南宮
烘爐地

- ■主祀神：土地公
- ■同祀神：觀世音菩薩、媽祖、關聖帝君、五穀仙帝
- ■祈求：主求生意興隆，也可求居家平安。

▶ 福德爺為天下的社神。

▲ 登山石階考驗信徒的體力喔！

陸來的驢子，居民嘖嘖稱奇，因而認為土地公顯靈，是要協助鄉民在新土地上拓墾，鄉民於是在呂德進的號召下，在顯跡處興建福德宮，供奉土地公、土地婆。

起初，福德宮是只用三塊石板建成的一座小廟，直到一九五二年由於香火日盛，才由信士游興仁發心重建，規模還不算大，僅一人高，寬度不及兩臂；一九六七年時鄉內信士再度發動募捐，大幅擴建，方有正殿重檐歇山式的建築格局。而當初游興仁所蓋的小廟，就留置大廟內，形成「廟中有廟」的特殊景觀。

每天凌晨兩點多，香客尚未登臨前，就有登山人士陸續上山，沿途蟲鳴鳥叫，綠林環繞，俯瞰台北盆地的景色相當清幽；爬完山之後再來廟拜拜土地公，已成為許多當地人每天必走的路線。如是開車上山，不妨將車停在山腰的山門口，這裡一九六七年擴建時，修築了登山石階上達福德宮，也開闢

形似烘爐故名之　廟中有廟顯奇觀

至於一般民眾為何又稱它「烘爐地」？據說是因為在福德宮後方及左右，各突出了一塊山頭，形成了三足鼎立，形狀就像烘爐，而在廟的下方一百公尺處也聳立一塊巨石，地理師稱此石是烘爐的「火母」，讓烘爐可以生生不息；福德宮所在是塊難得的福地，因此又名「烘爐地」。

相傳南山福德宮最早建於一七三六年（清乾隆年初），距離現今已有兩百四十餘年歷史，是漳州府紹安縣呂德進由原籍背負香火，在拓墾南勢角時所建，拓墾面積達七十餘公頃。傳說建廟前，呂德進曾經發現土地公顯跡過，且在山上發現了一頭大

▲ 站在高處可一覽烘爐地全貌。

山麓道路、鋪設柏油路面、增建活動中心、停車場等。雖然爬三十分鐘的石階，難保不氣喘吁吁，不少人倒是捨棄直接驅車山頂，而選擇此途上山，藉此一步一腳印呼吸山林清氣，算是朝拜前做做心靈淨化的運動！

笑瞇瞇迎接香客 容光煥發貌福相

說起南山福德宮的特色倒不少，一尊氣勢壯觀的土地公塑像，佇立山腰笑咪咪的迎接香客；土地公右手持枴杖，左手捧元寶，頭戴員外帽，身穿黃

▼ 南山福德宮居高臨下，台北盆地景色盡收眼底。

色長袍，袍上裝飾綠邊黃紋，並紋有「壽」字，腰帶出現「回」字紋飾。濃眉厚耳、容光煥發的福相之貌，令人尚未參拜，就感受到祂老人家那份溫暖和喜氣。似乎台灣宗教的興盛，也可以從此尊氣勢壯觀的土地公看出端倪。

而到底福德正神是具有納財的神格，許多業務員或是從事建築、房屋仲介、保險、開店做生意、甚至夜店經營者，每逢初一、十五或初二、十六作牙時，無不上山虔誠膜拜。筆者採訪當天，就見穿著正式的上班族一波波湧進，某家仲介公司主管甚至表明，每個月一定帶著部屬前來報到，看他們虔誠默禱的神情，似乎就此可以開市大吉、業績長紅哩！

映下，似乎依然笑意迎迎，對照兩旁一幅小對聯「福祠留古蹟，德配古今人」，顯得古意十足；到此一拜，除了感染祂的祥和、滿足，也可藉此想見建廟初期的克難。此外，來到拜殿還有尊和人一般高的土地公神像，也別錯過機會摸摸祂，據說摸過後，還可沾沾財福喔！

 祈福情報面面觀

田頭田尾土地公 身兼農業、雜物、土地鎮守與財神

　　土地神最初是一種自然崇拜，因為跟農業發展息息相關，才逐漸形成具有神格化的信仰，而被奉為農業之神，甚至後來因為職權不斷的擴大，而有「雜物之神」的罕見演變。另有一種說法是，土地神在古代的神格是皇帝專祀，是非常高的神祇，後來卻發展成全國性信仰，在台灣並屬於比較低下、最基層的神祇；不過，為何有此轉變，包括土地神的造型是什麼時候變成皓首老者的，都需要進一步探討。不過，這似乎一點也無損祂在民眾心目中的重要性；台灣民間信仰中，就有句俗諺「田頭田尾土地公」，呼應了《台灣縣志》裡所提：「福德正神與台灣之開拓關係最深，不但為農業守護

　　首次來此膜拜的人，提醒您別漏掉了廟後小巷尚有一座「小小廟」！此尊小土地公比起正殿元寶級的雖有天壤之別，卻是克盡職守兩百餘年、建造初期所留存的。「小小廟」就嵌在斜坡山壁間，膜拜空間也僅有一人寬通道；雖是陋室簡單，仍設置了一座小香爐，土地公蒙上了些許塵土，在小燈炮照

▲陋室裡的小土地公顯得古意十足。

台灣珍奇廟

祈福步驟如下：

1 先到販賣部購買金紙或餅乾供品等，再將供品擺在供桌上。

2 點好五支香，站在拜殿朝殿外拜天公，插一柱香在天公爐。

4 繞到廟後小通道，拜創立之初的小土地公，並插一柱香。

3 來到正殿前，先拜福德正神土地公，如果待會兒想要求籤，可在這時先稟報，請土地公賜給一支好籤。拜完後，插一柱香。再拜右邊山神、諸神，及左邊註生娘娘；各插一柱香。

5 回到拜殿，拿起所有金紙向土地公一拜，再拿到金爐燒化。

神，又為土地鎮守神及財神。」世人在土地神福德正氣的溫暖守護下，冥冥中，總相信祂是無所不能的，由到中和南山福德宮的信眾，不乏求功名、平安與健康者的熱鬧景況，便可得知。

 你還可以這樣求

福德正神土地公本是農業之神，隨著時代演變，而有「雜物之神」的神格，因此香火鼎盛，特別是生意人或工地開工時莫不膜拜之。南山福

祈求時要準備的東西

廟內販售不同組合的金紙，有大支壽金、小支壽金、土地公金、卦金、補運金等，也可再添具祝文，恭請五路財神降臨，或加買發財金，祈求一路發；土地公的神格雖然較低，但是所拜的金紙與較高神格並沒有不同。至於供品，則視個人心意，全廟共五個香爐，各插一柱香，共五支香。

▲ 十幾尊不同形貌的土地高神像並列，陣容相當龐大。

德宮正殿裡的土地公神像十幾尊，新舊並列，大小造型不一很有特色；如果覺得來廟參拜路途遙遠或想凝聚更多福氣，可以向廟方申請，將金光閃閃的神像迎回家供奉。

前面提及別忘了摸一摸站在拜殿捧金元寶的土地公像，此外，也可以用自己的錢換元寶裡的零錢，然後擺在身上，或者拿鈔票在元寶上過一過，據說可以保佑財源廣進；也有人是拿著樂透彩券而

台灣珍奇廟

用心求支好運籤

土地公籤支共三十二支，以數字標示，應用範圍包羅萬象，求生意、功名、健康都可。

1 求籤時，一支籤只能問一件事，先取兩個筊，雙手合十請筊，並在心中默念：「土地公作主，我名叫XXX，民國XX年農曆X月X日生，家住…」並虔誠將所求情形詳細說明，希望土地公示籤指點，然後問筊，如果獲得聖筊（筊面一正一反，表示好或可），就是土地公答應出籤指示迷津。

如果是笑筊（兩面皆正）或陰筊（兩面皆反），表示不允，那就改變陳述內容重新問筊，如是不是稟報不清楚或此籤不適合……等。

是此籤，擲筊後如果是聖筊，表示此籤無誤，否則須繼續抽取另一支籤，直到所抽取的籤支獲得聖筊為止。至於須得幾次聖筊，則視祈求的人心意而定，有的人為了表示慎重，就協議要三次連續都聖筊。

2 求得聖筊後，就可到正殿籤桶抽一支籤；抽之前先攪和籤支，每支籤只能祈求一項。

3 抽一支籤後，記住清楚標示的第幾首，牢記心裡後，先將籤支放回籤桶，以方便其他信眾取用，再問筊是否

4 記住聖筊的籤支所示，取籤詩，想進一步了解籤詩，可到服務台解籤。

▲ 廟方備有小土地公神像，供信眾請回家膜拜。

來，想來，只要能有保佑，不管類別大家都想試試吧！目前元寶上的漆雖已掉落了一大塊，但是信眾只要能看到土地公祥和的笑臉，就覺得心滿意足，認為財源便可滾滾而來；然而這笑容究竟是因受到信眾歡迎而笑，還是祂在笑世人的痴，就不得而知囉！

 ## 感恩時刻心意誠

做生意順利、買賣房子賺錢、從事保險人緣交際廣，一旦得到土地公庇祐，可別忘了回廟感謝！而且要記得謝過之後才能再次祈求。至於感謝方式隨個人心意，添香油錢或以鮮花供品再拜一次都可，總之，心誠意到最是重要。

 ## 特殊慶典熱鬧來

南山福德宮一年裡最重要的祭祀是農曆二月初一至初二，慶祝福德正神千秋暨祈安禮斗法會；主要內容為頌經。從初一晚上到凌晨四點三十分，現場並供應素齋給信眾食用，初二中午則是敬天；一連串活動把廟內外擠得是水洩不通。過去曾出現信眾幫土地公暖壽，供奉了多達兩千多斤龜粿的大場面。

此外，農曆八月十五、十六另有慶祝開富紀念日的禮斗法會，主要也是誦經，十六日中午則是敬天活動。

台灣珍奇廟

 ## 建築之美共欣賞

　　來到南山福德宮，除了廟後方岩壁兩百多年前元老級的小土地公廟，令人感覺古意十足外；福德宮外觀是一九六七年才擴建的，兼顧了傳統及創新；要一覽全貌，不妨走到金爐前的空地欣賞。此外，建在山麓半山腰的山門，也是相當有特色，山門是兩層建築，中間歇山式屋頂為雙開叉燕尾狀，裝飾非常華麗，兩側垂脊分站兩名兵將，手持環刀、雨傘等兵器；山門上用剪黏裝飾的六條祥龍，和檐下的吊筒、斗拱的泥塑作工，都有可觀之處。不妨從這裡登上二樓，欣賞台北盆地的清晰景緻。

▲ 福德公也有不少泥塑作工，值得細覽。

▶ 崁在石室裡的小土地公廟有二百年多年的歷史。

▼ 福德公外貌為一九六七年擴建而成。

十八王公廟

廟宇簡介

延著北海岸風景秀麗的淡金公路走來，過了石門將看到一座跨越海邊的景觀紅橋──王公橋；十八王公廟就位於橋內側舊路旁。

位於石門鄉乾華村的十八王公廟，是全台香火最鼎盛的廟宇之一；「一般人看到墓塚應該會害怕，但為何有人拜它，而且香火鼎盛？中南部遊覽車一來就十幾輛、上千人，信眾甚至有日本人、阿逗阿！」已逾九十高齡的廟公練蔡藍火驚嘆地述說，這不也是一般人不解之處！

專家指出，所有史籍資料中都沒有對十八王公的相關紀載，也因此其由來充滿了傳說性，而且傳說多達四、五種；共通說法是，清朝中葉時有艘大帆船行駛海上，船上乘了十七人跟一隻家犬，由於船隻遭逢狂風巨浪以致船毀人亡，家犬見狀以身殉主。之後全部屍體漂流到了台灣東北角乾華村一帶；為了紀念家犬殉主的感人事件，鄰近居民特興一塚，取名為「十八王公」。至於這十七人的身分說法則相當分歧，一說為福建漁民、另一說為前往浙江普陀山進香途中的福州巨紳，還有一說是渡海來台的唐山商人。

基本資料大公開

■廟名：十八王公廟
■建廟年代：西元一九七一年（建墓時間不可考，僅留傳說，此為建廟時間）
■廟慶：九月九日重陽節祭祖
■佔地：約三十幾坪
■地址：台北縣石門鄉乾華村一之一號
■電話：（02）2638-1818
■開放時間：全天候
■交通方式：
　開車：由淡水沿二號省道行駛，經三芝、白沙灣海水浴場，行駛約九公里可達。
　搭車：1.搭乘淡水往金山的淡水客運，或往基隆的台汽客運，於十八王公廟下車即可。
　　　　2.在基隆搭乘往石門、淡水的台汽客運、基隆客運，於十八王公廟下車即可。
地圖：

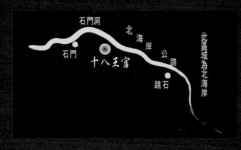

■主祀：十七個人、一隻忠犬
■副祀：地藏王菩薩
■祈求：所求可包羅萬象，但信眾以求偏財、做生意的居多。

▶ 清朝至今的十八王公墳塚。

至於何時十八王公由墓塚變成了廟宇，廟公練老先生說，打從建塚之後，鄰近客家居民每逢年節都會前來祭拜，祈求保家平安；奇妙的是，大部分居民的祈願都可以如願。另外坊間還有個說法，早年基隆一帶的討海人，每每行船到十八王公墓塚附近時，都會遇到船隻無法動彈的怪事，所以漁民出發前就會先來祈求，以保佑船隻順利前進。百年來諸如此類十八王公顯靈的故事不斷傳出，聞訊前來的各地善男信女自是逐年增加。

至於建廟發跡，則是近幾十年的事。當時三十幾歲練老先生的家剛好就在十八王公墓塚旁，因此不時的看見信眾前來膜拜，那時的墳墓還是用跟路旁一樣的砂土築成，往來公路間，如果不注意很難發現它的存在。練老先生有感於信眾的虔誠，就在一九六三年間與信徒們捐款蓋了一間小廟亭，墓上加設白磁磚（也就是目前地下室所見）。不過，那時的廟極小，連個廁所也沒有，於是練老先生開始在廟裡當起義工，連續三年清理臨時設置的簡陋廁所。

一九七一年間，台電公司選定這一帶設立核能電廠時，一度欲遷走此廟；說也神奇，打該廟主意的人便怪事纏身，譬如遷移廟旁站牌的時候，挖土機連連故障，開挖的人也無故生病；後來台電便不再做遷廟打算，改以擲筊徵得十八王公同意將路面增高，拆掉原來小拜亭，在墓四周以鋼筋水泥圍繞，內設梯架供信徒到地下室朝拜，並在一樓施設跟原墳相同的墓型。後來經過練老先生與機關首長、台電協議，由台電興建拜亭（20台尺寬、14台尺深）作為補償；廟方同時陸續以信眾捐款添建設備，才有現今的廟貌。

由於十八王公廟是亡者顯靈而發跡的廟宇，因此一般被歸納為陰廟（也就是未被列入封神榜之內的神）；雖是陰廟，卻不提供一般陰廟幫人「祭解」的儀式，單純為信眾虔誠膜拜之處。相信許多人都聽說過，此廟求偏財、討債都很靈應，也因此吸引了媒體大肆報導，各方信眾更是蜂擁而至。加上還願的人頗多，十八王公廟「有求必應」在口耳相傳下不逕而走，又為其製造了更多人潮。

過去，一度有此說法，小小的十八王公廟不僅白天香客絡繹不絕，愈到深夜信徒愈多，特別是凌晨十二點過後的特種行業。針對此，服務幾十年的

▲ 十八王公拜殿；信眾還願的香燭冉冉映照。

▲ 廟前肉粽也可作為供品。

義工笑說：「這有點誇張啦！」「可能是中美斷交時期實施宵禁，小姐十二點過後邀酒客來郊外兜風，順道拜一拜；廟很小而晚上人一多，感覺就特別醒目。現在實施路邊測速、夜間喝酒開罰，警察也抓得緊，早沒這種現象了。」

因此，目前信眾仍以白天來的居多，特別在假日的時侯，小小拜亭裡香客是摩肩接踵；除了正殿的神像，旁殿主神之一的神犬，更是人人膜拜的對象；由於傳說十八王公嗜好抽煙，香客就以香煙代替香燭供獻；狗神像前因而插了許多白色「長壽煙」，成了十八王公廟很獨特的景觀。

至於來到十八王公廟可求些什麼？廟方說：「啥米攏可以啦！一般情況信眾是不會主動告訴我們達成啥米願望，過去，還願最多紀錄有幾十萬元金牌，或者香油錢一添就好幾萬，看來，求偏財運（如六合彩）或求的很困難卻也實現的，這種情況應該很多。」相較於媒體報導或附近商家耳語的各種靈驗神蹟，廟方反而顯得低調，著實不願意多談；附近賣香業者倒熱心提供了二則，一是「旺旺仙貝」的命名，就是來自老闆祈求時閃現狗吠聲

「旺旺」的靈感，至今每年年底和新春開工，旺旺仙貝的老闆都會帶著員工前來膜拜。另一則為南部某位信眾中風昏沉許久卻突然清醒，說是昏迷期間因感應到十八王公為其醫治，才得以清醒，這位信眾便從此南北往返，虔誠上香，身體也自然愈是健壯。

靈驗事跡也許傳不勝傳，一切就像廟方所言，靈不靈驗就看信眾跟十八王公之間的感應囉！自從一九九五年王公橋通車後，到十八王公廟的信徒不必再飽受塞車之苦；暢遊北海的遊客也可以藉此分途，不須經過十八王公廟。不過，卻也有不少遊客本意不在拜拜，而是特地來廟口買些肉粽、燒酒螺、粿或花生之類小吃上路的，十幾攤攤販生意可是不輸十八王公人氣。聽說，他們本就是早先練老先生特意召集的，一來讓香客祭祭五臟廟，順便帶

▲ 小小的十八王公廟香火鼎盛。

動香火；舊時代的人沒得吃，油飯、麻油雞可以飽足好幾天，演變到後來就以方便的肉粽取代。曾幾何時，十八王公廟口的肉粽也登上了觀光美食之列，為北海岸一連串波濤起伏的美景，另添一種觀光趣味。

祈福情報面面觀

十八王公廟平地面積極淺小，除了正殿神像前小小拜殿之外，在旁殿地下室原墳塚的正上方，特別建了一座模擬墓型，好方便信眾膜拜，同時旁列土地公跟兩尊忠犬青銅塑像。有些信眾為了表達慎重，則會特地將供品拿到地下室原墳塚前膜拜，不過地下室空間狹小，是禁止持香的。

整座廟除了地下室清朝至今的墓塚，最大特色無非人人必拜的兩尊忠犬銅像，一尊在建廟時設立，另一尊為後來信眾所捐。有趣的是，銅像的每個部位都透出摩擦過的亮光；原來據說摸過的人，不管賺錢、討債，甚至特種行業業者都能心想事成，想當然爾，香客自是摸不釋手。早期有些香客還自個兒發明帶紅布條來銅像上摩擦，再拿回家供奉，象徵沾沾喜氣、討個吉利；演變到後來，信眾不斷仿效，商家便開始做起賣紅布條

▲ 忠犬銅像透出磨擦過的亮光。

▲ 廟內也賣金紙，可自行投幣取之。

生意，還幫香客「說好話」。如果信眾只買一條10×100公分長寬的紅布條，可附贈一份五十元的平安袋；如果要業者幫信眾「說好話」，則須再添五十元，並附贈一塊小玉飾。

「說好話」來自商家的創意，除了邊講解摩擦狗銅像的方式，另還跟在身旁唸著長串台語詞兒，象徵「結綵，好頭彩」。說好話句句押韻，譬如：「挲（台語諧音，摸的意思）狗頭，蓋大樓；挲嘴，大富貴；挲狗耳，吃百年；挲身，賺萬金；挲肚，做好頭路；頭到尾，給你賺傢伙。」

這無意間發展而出的膜拜方式，當然不是每位香客都須跟從，但倒也成為十八王公廟的一大特色。還

祈福步驟如下：

1 點好十二支香，站在天宮爐前，面對殿外拜天公，插三柱香在天公爐。

2 轉身面對正殿，拜十八尊神像，同時稟報心中所求。如果想進一步知悉祈求結果，請十八王公賜籤指點，這時可以先稟報，請求賜給一支好籤。拜完後，插三柱香在正殿的香爐裡。

3 到旁殿拜右手邊土地公，插三柱香之後，再拜兩尊神犬塑像，重複之前的祈求，將手上剩餘的三柱香插好。傳說時十八王公嗜煙，之後可以再點一支香煙供之。

4 可摸摸忠犬銅像，沾喜氣，或自備紅布條摩擦銅像，結好頭彩；當然，也可以花個一百元，請商家替你「說好話」。

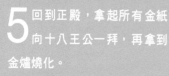

5 回到正殿，拿起所有金紙向十八王公一拜，再拿到金爐燒化。

▲ 前往地下室原墳塚的通道，透出舊時代的況味。

祈求時要準備的東西

廟內提供各種金紙，50、100、150元組合不等，可自由投幣取得，最基本的是卦金、壽金、福金各一份；至於供品可以鮮花、水果或牲禮為主，視個人心意。因為廟口有不少賣肉粽攤販，未預先準備供品的信眾，有的就買肉粽當供品，形成拜肉粽的特殊景觀。

台灣珍奇廟

記得有首閩南語歌曲的詞意提到：「大家來拜十八王公，大家就會成功。」詞韻俏皮活潑，反應出十八王公廟從地域性廟宇而到全國知名的轉變過程，並側面呈現出民間信仰社會化的一面。

 ## 你還可以這樣求

迷你的十八王公廟並沒有許多陪祀神，唯獨地下室墳塚前另設置了一尊地藏王菩薩，並備有籤支、籤詩。講究一點的信眾會來到地下室一同祈求。切記，地下室空間狹隘不宜持香，否則煙薰瀰漫難散，可以雙手膜拜取代。

用心求支好運籤

十八王宮籤支共二十四支，任何皆可求。不過，仍以求生意的信眾特別多。

1 求籤時，一支籤只能問一件事，先取兩個筊，雙手合十請筊，並且心中默念：「十八王公作主，我名叫XXX，民國X年農曆X月X日生，家住……，」並虔誠將所求情形詳細說明，希望示籤指點，然後問筊，如果獲得聖筊（神筊一正一反，表示好或可），就是十八王公答應出籤指示迷津。如果是笑筊（兩面皆正）或陰筊（兩面皆反），表示不允，那就改變陳述內容如「是不是稟報不清楚」或「此籤不適合」等，重新問筊。

2 求得聖筊後，便可到正殿籤桶抽一支籤；抽之前先攪和籤支，每支籤只能祈求一項。

◀ 地下室空間不大。仿造清朝古船的木造模型為信眾所捐，平添傳說況味。

3 抽一支籤後，要記住這支籤是第幾首，牢記心裡後，先將籤支放回籤桶，以方便其他信眾取用，再問筊是否是此籤，擲筊後如果是聖筊，表示此籤無誤，否則須繼續抽取另一支籤，直到所抽取的籤支獲得聖筊為止。至於須得幾次聖筊，則視祈求的人心意而定，有人為求慎重起見，便協議要三次連續聖筊。

4 記住聖筊的籤支所示的標誌，取籤詩。

5 如果想進一步了解籤詩，籤詩旁有本「觀音靈籤註解」供查閱，或可前往服務處，請排班管理員解籤，解籤時間：早上4、5點～凌晨2、3點。

感恩時刻心意誠

廟方表示，還願端視信眾心意，多寡無所謂。過去景氣好的時候，重金添香油錢、打金牌或者酬戲（歌仔戲）時有所聞；近來景氣不佳，麻油雞、油飯，或簡單膜拜都可。大致而言，信眾所求如果屬於難以達成、或者特別隆重，甚至是偏財、呆帳得以收回之類，還願方式則出現較大手筆，譬如拜整隻豬公的場面。總之，以誠意為要。

▲ 模擬墓型與兩尊忠犬青銅像，是十八王公最大的特色。

台灣珍奇廟

特殊慶典熱鬧來

十八王公墳塚自清朝至今，算是歷史悠久，但因時間不可考，因此沒有所謂特殊慶典。不過，乾華村一帶向為「練」姓客家人聚落，每逢九月九日重陽祭祖，地方上的祭拜都會相當隆重，十八王公廟附近人家也把這天當成祭祖日而隆重祭之，久而久之就把九月九日視為十八王公的紀念日。十幾年前，酬謝歌仔戲一演就一個多月，現今九月八、九日兩天尚有酬戲表演，許多信眾則特地來廟乞龜、或者殺大豬公祭之。

▼ 廟口肉粽遠近馳名！

 建築之美共欣賞

十八王公廟不像一般廟宇有著宏偉外觀、華麗雕飾，又因屬陰廟，而無所謂的龍柱；反之，整個廟貌幾乎停留在最初建造拜亭時，素面泥牆貼著舊式磁磚的簡樸格局。由於沒有廟門，站在馬路上可以一眼望見小供桌前僅留狹窄走道，在拾階上步的

跪拜椅空間更是僅容兩人迴旋而已。十幾尊十八王公神像就端立玻璃門內，當虔誠的信眾跪拜、仰望祈求時，四周還願的香燭光熱環繞如林，煙薰冉冉，火光閃閃映在原已古舊的牆面，彷彿可以就此感應到了十八王公，輕易將心中所求吐露而出。

離開狹隘的拜亭，除了旁殿的神犬銅像，前往地下室的牆面上

有幾塊匾額稱得上是廟史見證；接著走進地下室，所見都是舊式磁磚壁面，令人感覺空氣裡隱約透出一股陳舊味兒。值得一提的是，地下室有艘仿清朝古船的木造模型，是信眾表徵當年海難所捐贈的；雖非古蹟，倒也增添不少十八王公的傳說況味。

新莊地藏庵

基本資料大公開

- ■ 廟名：新莊地藏庵
- ■ 建廟年代：清乾隆二十二年（西元一七五七年）
- ■ 廟慶：農曆五月初一，大眾爺誕辰夜巡、遶境活動
- ■ 佔地：四百坪
- ■ 地址：台北縣新莊市中正路八十四號
- ■ 電話：（02）2993-6774
- ■ 開放時間：5：30～21：00
  　但農曆四月三十、五月一日、五月二日以及農曆七月
  　底前三天皆通宵。
- ■ 交通方式：
- ・公車：搭235（正）、指南1路（指南宮－泰山）、指南
  　　　　客運（三峽－圓環）在大眾廟下車後，往前步行
  　　　　可見地藏庵牌樓，再右轉續走五分鐘可達。
- ・開車：走中山高路公路，在泰山、五股交流道下，往新
  　　　　莊方向走，遇二省道時左轉直行，遇思源路時再
  　　　　右轉，遇一省道（中正路）時再右轉直行，循
  　　　　中正公園旁小徑進入。

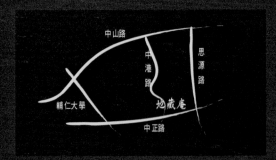

- ■ 主祀神：地藏王菩薩
- ■ 同祀神：註生娘娘、境主公、韋馱、迦藍神、三寶佛、
  　　　　觀世音菩薩、木連尊者、十殿閻羅、七爺、八爺、董大
  　　　　爺、福德正神、文武大眾爺、文武判官、增損二將軍。
- ■ 祈求：司法訴訟、尋物、尋人、排解糾紛等或其他。

 ## 一覽廟宇先後事

大眾老爺排解紛爭　地藏王菩薩普渡眾生

丟了東西、遭人嫌陷誤解、討債老不如願⋯⋯加上景氣不佳、人緣差，這年頭可真事事不順遂，莫非風水作怪兼流年不利？於是開始在現世裡問卜又求醫，束手無策時回到了最原始的祈求願力，冀望老天爺的神力能助一臂之力。要問北縣市廟宇諸神中，何者具有此神力，常走廟的信眾莫不建議，到新莊地藏庵求求大眾老爺吧！

　　新莊地藏庵位於車水馬龍的中正路巷內，循著「地藏庵」牌樓進入之後，兩旁扶疏林蔭及中正公園，頓時令煩躁的心沉澱了下來。說起新莊地藏庵淵源，是跟早期漢人來此拓墾有絕大關係的。根據記載，清朝初期海禁解除之後，新莊可說是萬商雲集，盛極一時；乾嘉之際更成為北台灣最大的港埠。榮景繁盛的背後，有著先民篳路襤褸的艱辛，客死異鄉暴露荒郊的孤魂更不計其

數，引起了人們的無限感傷和惆悵，後人於是倡議在公墓旁建庵祭祀；貧病路倒的屍骨祀為文大眾爺，械鬥、死於爭戰的亡魂則祀為武大眾爺，合稱大眾老爺，是為「地藏庵」的由來。相傳地藏庵最初僅奉祀大眾老爺，後來因仰體地藏王菩薩悲誓宏願，普渡眾生之大

▲ 地藏庵富麗堂皇不失端雅。

愛，因此奉為主祀，而將大眾老爺奉祀邊殿。

　　而地藏王菩薩的「地藏」是梵文「Ksitigarbha」的意譯，意思是「安忍不動猶如大地、靜慮深密猶如地藏」，「地藏庵」命名就是取前後句最後一字「地藏」而來的。不過在地方上，文武大眾爺似乎比主神地藏王菩薩，更受到一般信眾的崇拜，因此，新莊人又俗稱地藏庵是「大眾廟」或「大眾爺廟」。

▲ 正殿氣勢恢宏。

佛道共祀　兼容並蓄

　　地藏庵最早創立於清乾隆十二年（一七五七年），當初只是一座小廟，歷經五次擴建，才有現今的規模，雖煥然一新，卻也大失古意，不過，仍保留大方的格局，呈現華麗、繁複、裝飾豐富、色彩斑斕的特色；尤其拜殿寬敞明亮，引天光而下，似乎可以就此感受神的旨意從天而降，而正殿的格局恢宏氣派，石材都採用大陸青斗石，木材更以高級紅豆杉精雕，富麗堂皇中不失端雅。

　　雖然地藏庵是為「庵」，不過卻也呈現台灣民間信仰佛、道共祀的融合現象。地藏庵所供奉的主神是地藏王菩薩，也同祀三寶佛和觀音菩薩，這些神祇是道地的佛教信仰；但同時地藏庵也有冥神信

▲ 地藏庵佛道共祀，也有冥神信仰。

仰，如文武大眾爺、董大爺、十殿閻王等，另也供奉全國性的民間信仰神祇——「福德正神」，這些神明則是偏向道教屬性的。所以在地藏庵中經常可看見誦經團在誦念佛經（佛教儀式），也可看見道士在為信眾改運解厄（道教儀式）；在供桌上則可以看到供奉著鮮花素果（佛教儀式），但也有信眾以牲禮來酬神（道教儀式）。儘管如此，地藏庵卻沒有宗教上的衝突，大家各取所需，互相尊重，中國人寬容可愛的地方在此顯露無遺。

冥神信仰　大眾老爺解決惱人生活事

　　不過地藏庵的最大特色還是在於「冥神信仰」，「地藏庵王菩薩本願經」中說到：釋迦牟尼佛令地藏王菩薩為「幽冥教主」，所以在民間被認為掌管陰界，信眾只要有家人往生、超渡或求平安之類的生命情事，都會來祈求地藏王菩薩。而文武大眾爺、董大爺則被視為具有掌管陰間鬼魂、審判、緝拿、號令群鬼的神格，就連作姦犯科、宵小盜賊者都難逃其高強的法力，因此，舉凡找筆記型

電腦、尋貨車、尋人等，或做生意遭陷害、跟同事之間口舌之爭，甚至買賣房子不順利、訴訟等惱人的生活事，都會請大眾老爺來幫幫忙。不管請託之事是大是小，信眾無不誠心祈求，從揭示牌貼滿了信眾酬

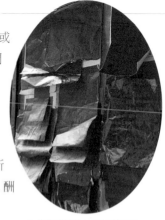

▲ 信眾酬神揭示了無所不求。

▲ 董大爺被視為裁判訴訟、發誓與詛咒之神。

謝的紅紙看來，大眾老爺的靈驗程度可見一斑！

　　或許就因地藏庵有這些屬性，因此有人認為地藏庵為陰廟，看看那兩廊的閻王殿、七爺八爺神偶、董大爺的虎頭鍘具、手鐐型具及增損二將軍（現代人稱為官將首）的造型，無不讓人感受一股肅殺之氣，似乎也警示世人，諸惡莫作，否則天理難容，報應不爽喔！

 ## 祈福情報面面觀

仔細寫疏文 心誠願靈現

　　來到地藏庵，除了祈求主神之外，如果是專門來拜託大眾老爺幫忙的，最好選擇中午過後，因大眾老爺乃孤魂野鬼之神，屬陰神，地藏庵則為陰廟。祈求時可請服務台的筆生幫忙寫份疏文，仔細描述事發原委和所求之事。

　　其實有關大眾爺由來在現有文獻中，並無相關記載，新莊耆老倒流傳了一則傳說——相傳唐太宗李世民某次兵敗，在黑夜裡被追殺而藏匿於一隱密處，逃過一劫，第二天醒來時發覺此處原是亂葬崗。因此將其中兩門有名有姓的大墓封為「文武大眾爺」，而其他無法辨識的就封為「大眾爺」。另外還

▲ 大眾老爺被喻為「鬼中酋長」。

有記載說，「大眾」另有名稱，且跟台灣的厲鬼及厲壇制度有相當關係。不過，新莊人從未將文武大眾老爺和厲鬼畫上等號，而視祂為具有支配其他鬼魂守護地方的神格，甚至是判定陰陽曲直、緝拿惡鬼、懲處惡人的司法神神格；因此有人將祂比喻成「鬼王」、「鬼中酋長」、「司法體系之司法院長」。

　　這些傳說是真是假已無法追溯，但是新莊大眾爺的文、武二職之分，倒是和其他地方信仰有明顯區別，在外型上，新莊大眾爺文、武俱是黑臉、長鬚，只不過前者身著文官冠服，後者則是武官冠服。

 ## 你還可以這樣求

　　地藏庵同祀神眾多，各有神格；其中一樓右殿的「董大爺」，在新莊被視為裁判訴訟、發誓與詛咒之神，並有指揮鬼差緝拿惡人、惡鬼及掌理刑具、刑罰的神格。因此，信眾相信在董大爺面前發誓一定會靈驗。受到冤屈，像是被誤會

▲ 道士在大眾爺前做法事。

為小偷或被老闆、朋友誤解等，都可以請董大爺排解。

此外，平時如果覺得運途差、大小事不斷，廟內也提供祭解，以祭五鬼、官符、車關、水關來避免發生不祥之事。祭解須準備供品（如小三牲：肉條、豆干、蛋）和金紙，可在廟外商家購得。祭之前須先請服務台寫訴文，說明所祭對象是誰；之後跟隨道士來到神明跟前做法事。祭解固定規費三百元；每月初一、十五不提供祭解。

由於廟內設有乩壇，除了初一、十五之外，每天下午兩點到六點總有信眾排隊「問神」，也算是地藏庵另一特色。有意問神的話，可先到乩壇前填寫姓名，好依序排隊進行。

 ## 感恩時刻心意誠

感應了大眾爺或地藏王菩薩的幫忙，信徒多會回來還願。過去酬神演戲頻繁，現在多半以添香油錢或贈金牌示謝，也有人將祈求如願的細節寫在紅紙上，廟方會張貼在佈告欄，讓信眾得以分享大眾爺靈驗事蹟，也是一種還願方式。但不論斤兩與形式，一切心誠為主。

請你跟我這樣拜

由於向大眾爺祈求者眾，以下就簡述祈求步驟。在此強調，雖主拜大眾爺，仍須先膜拜主神地藏王菩薩，再一一遍拜其他同祀神。全廟共十個香爐，除了天公爐插三柱香，其餘各一柱香，步驟如下：

1 在廟內買一組金紙；廟內沒有販售乾果類供品，前來時須自備，或者廟外商家也有賣。

2 為了方便大眾爺替信眾完成心中所求，廟內服務處設有筆生，專門替信眾寫疏文（一份400元），疏文內容愈詳細愈好；尤其失竊時，要把握時效愈早前來祈求愈好，將寫好的疏文放在大眾爺神桌上。如不寫疏文，則可省略此步驟。

3 點好十支香，站在拜殿朝殿外拜天公，插三柱香在天公爐。向主殿拜地藏王菩薩，再一一遶拜其他同祀神，各插一柱香。來到大眾爺跟前時，則詳加稟報心中所求。如果待會兒想要求籤，可在這時先稟報，請大眾爺賜支好籤，再拿起所有金紙向主神一拜，連同疏文（如有寫的話），一同拿到金爐燒化。

祈求時要準備的東西

可在廟內買一整套金紙，費用採樂捐：包括香十二支、土地公金、金白錢、壽金、卦金、天金；至於，鮮花水果或牲禮等供品，則視個人心意。

▲ 文武大眾爺遶境活動為新莊年度盛事。

 特殊慶典熱鬧來

新莊有句俗諺：「新莊有三熱：火燒厝、扒龍船、迎五月初一。」這最後一「熱」（熱鬧的事），就是指新莊人農曆五月初一年度大拜拜——文武大眾爺遶境活動。農曆五月二日為大眾爺聖誕，在五月初一的前兩天晚上，地藏庵就會舉行「暗訪」活動，以驅逐境內邪穢，由七爺、八爺及眾「官將」浩浩蕩蕩的走訪大街小巷，把鬼魂趕出新莊。暗訪過後，五月初一當天會集結在大眾廟，當天下午同大眾爺兵分三路，舉行盛大的遶境活動；隨行的「官將」會延路分發鹹光餅（由麵粉做成的鹹口味餅乾，據說可驅除身體穢氣）及平安符；希望吃了鹹光餅，保佑大家都健康；平安符則是可免除家中的災禍。

台灣珍奇廟

相傳過去新莊人會在迎五月初一之前以「標會」先競標，來渡過此「熱」。不過，所謂「新莊大拜拜」，並非指全新莊都在這一天「迎鬧熱」請客，而是一個概括說法。事實上，參與的僅有新莊街區、中港厝區、頭前區三個角頭而已。早先發起者也非地藏庵，而是由過去此三角頭仕紳組成的子弟團「俊賢堂」，演變至今才由廟方出資管理，子弟團並予以協助。

就像軍隊出操前得點兵，大眾爺「繞境」之前，由「俊賢堂」的「官將首團」集合在地藏庵三川殿和廟埕前，依宗教法事科儀，兼行操演天兵神將，進行所謂「喊班點兵」的儀式；分為「領令出軍」及「繳令收兵」。「領令出軍」是所有扮將成員完成裝扮後，陣法展演的重頭戲；整個儀式長達三十至五十分鐘。俊賢團所屬的三團官將首團便依遶境路程遠近，來訂喊班的前後順序，分別往此三區出發。

這種領令出軍的「喊班點兵」過程，所有扮將成員的編制都相當完整，而且「開光降神」及「點兵過程」並不外傳，可說是獨步全台；過程依序是：一、持香秉告，二、法師演淨，三、開光降神，四、禮請諸神，五、整裝請令，六、操點兵將，七、請神登轎，八、護駕出巡等八個步驟。

因此，傳說新莊地藏庵便成了官將首團發源地，新莊大拜拜的繞境、暗訪盛事，也間接造成了官將首團這個民俗藝陣，受到大家重視及信眾的喜愛，帶動了各地官將首團紛紛成立。

除了這個新莊的代表祭典，每年吸引大批信眾湧入外，農曆七月二十九日地藏王菩薩聖誕的前後，從二十八至三十日舉行了三天慶祝及普渡祀典，場面都很盛大，最後一天在廣場普渡、放焰口，是最熱鬧的一天。

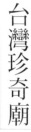

用心求支好運籤

地藏王菩薩籤支共六十支，以甲子標示，如果請大眾爺賜籤，可在大眾爺殿前擲筊，再到主殿抽籤。請地藏王菩薩賜籤方法如下：

1 求籤時，一支籤只能問一件事，先取兩個筊，雙手合十請筊，並且心中默念：「大眾爺作主，我名叫XXX，民國X年農曆X月X日生，家住……，」並虔誠將所求情形詳細說明，希望大眾爺示籤指點，然後問筊，如果獲得聖筊（神筊一正一反，表示好或可），就是大眾爺答應出籤指示迷津。如果是笑筊（兩面皆正）或陰筊（兩面皆反），表示不允，那就改變陳述內容重新問筊，如是不是稟報不清楚或此籤不適合……等。

2 求得聖筊後，便可到正殿籤桶抽一支

籤；抽之前先攪和籤支，每支籤只能祈求一項。

3 抽一支籤後，記住清楚標示的第幾首，牢記心裡後，先將籤支放回籤桶，以方便其他信眾取用，再問筊是否此籤，擲筊後如果是聖筊，表示此籤無誤，否則須繼續抽取另一支籤，直到所抽取的籤支獲得聖筊為止。至於須得幾次聖筊，則視祈求的人心意而定，有人為求慎重起見，便協議要三次連續聖筊。

4 記住聖筊的籤支所示的甲子，取籤詩。

5 翻閱解籤簿的籤詩解釋。

▲ 堂堂大「庵」充分呈現華南式宮殿建築特色。

建築之美共欣賞

地藏庵本來只是公墓旁的一個小祠，但因香火鼎盛，香客回廟酬謝的香油錢自然就多，讓地藏庵有經費一再翻修，成為現今新莊最大的廟宇。它的建築採用現今台灣寺廟的風格，也就是華麗、繁複、裝飾多、色彩豐富，所以雖然名為地藏「庵」，但有三川殿、正殿、左右護殿、鐘鼓樓等足以構築成一座大廟的格局，屋頂上的裝飾、牆堵間的雕刻、樑柱壁面的彩繪，都非常華麗而複雜，充分呈現出華南式宮殿建築的特色。

目前廟裡最有歷史意義的文物，算是正殿神龕上的「地藏庵」古匾，由嘉慶年間（1805年）興直業戶（當時的行號名稱）張廣福所立；正殿後方也還有重修前所留遺物，是一牆交趾陶，和神人吉獸石刻。至於大眾爺殿前的匾額「匡之直之」，雖稱不上古物，卻直道了大眾爺剛正不阿的正直神格。

　▲ 華麗、繁複、色彩豐富的廟飾。

▲ 地藏庵最古文物。

五路財神
路見神車

基本資料大公開

- ■廟名：石碇五路財神廟
- ■建廟年代：西元一九九八年
- ■廟慶：純道統禮斗法會
- ■佔地：一百五十坪
- ■地址：台北縣石碇鄉永定村大湖格路二十之一號
- ■電話：（02）2663-3372或3
- ■開放時間：7：00～19：00
  但是每年不定期在正月期間舉辦為期五天的法會，這五天皆通宵。
- ■交通方式：
  - ·搭車：在木柵捷運線木柵站，轉搭「木柵一平溪線」公車，或台北客運16路，在姑娘廟站下車。
  - ·開車：在北二高石碇交流道下，循著往平溪方向指標開，左手路邊可見五路財神廟指標。

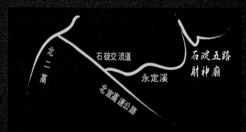

- ■主祀神：武財神
- ■同祀神：東西南北路財神、觀世音菩薩、許天師、王母娘娘、瑤池金母、太上道人、斗母、太乙真人……等上百尊。
- ■祈求：主求財運旺，生財聚財、不漏財、事業發達、生意興隆，也可求平安、婚姻等。

大開五門迎財神　沾沾財運在石碇

提到「發財」二字，可是人人愛聽、無人不愛；所謂君子愛財，取之有道！中國人尤其喜歡發財，過年開春第一句話就先互道「恭喜發財」；舊曆年初五迎財神，為了想沾點好財運，常是鞭炮炸得連天嘎響，香燒得奇旺，不管家庭或商店，個個都希望財神爺直接降臨「到我家」，最好從此應驗知名的對聯所示：「生意興隆通四海，財源茂盛達三江」。

財神爺這位掌管天下四方財庫的神仙，是中國民間最受歡迎、普遍的神祇，在台灣的大街小巷，光是「財神廟」就有近九十間，正統的不過四、五間，其中真正大開五門迎財神，符合「五路財神」意境的，恐非石碇的五路財神廟莫屬了！此間廟雖建廟不到六年，不管在規模、位置、信眾人數或祈財儀式，都有別出新裁的創見；加上以庇祐信眾求得正財而聞名，稱得上是台灣首屈一指的財神大廟。

▲ 此為停車場，登上石階方見廟貌，別有洞天喔！

▲ 正殿氣勢懾人，祈求之餘，彷彿就此財源滾滾而來。

▲ 東路財神掌管進寶。

▲ 武財神為五路財神之首。

文武財神齊納福　各路兄弟傾囊助

　　財神，又有文財神、武財神之分，一般道教廟裡供奉的神像，多半是頭戴鐵冠、一手執鐵鞭、一手拿元寶，面黑而多鬚、騎黑虎的武財神──趙公明。至於文財神，有比干、范蠡、福祿壽三星或財帛星君等說法不一，通常出現在民間雕刻或版畫，其形象為錦衣玉帶、白淨臉上泛著笑意，因此適合新春喜慶時掛在堂室內，而鮮少進入宮廟道教神系，所以少有經籍傳世。

　　武財神民間奉為五路財神之首，又稱中路財神，手下率領了四路兄弟──東、西、南、北路財神，各掌管進寶、納珍、招財、利市，專司「迎祥

▲ 北路財神掌管利市。　　　▲ 南路財神掌管招財。

▲ 黃金財寶爐的黃金造型有燒出金銀財寶的徵之意。

頭」，據住持形容，此純屬施工後的巧合，不過，他都會告知來此祈求的香客，燒金紙時透眼望穿庫門，庫錢在烈焰火紅中冉冉浮現元寶，象徵「金銀財寶滾滾入庫來」！

此外，石碇五路財神廟的五尊財神像和廟型，也和一般的財神廟很不同，據說都是開廟住持許昭男根據他的靈感、靈夢、靈機，實際走訪四川峨嵋山九老洞財神殿後，依夢中畫像做出來的，因此和四川峨嵋九老洞財神殿相當神似，甚至香火也由該廟分爐出來。而許昭男的靈夢感應，及到峨嵋九老洞參謁，所見的財神都是金面金身，因此，此廟財神爺不是傳統的黑面財神，而是「變臉」過後的「金面財神」。許昭男強調，金主富貴，是金木水火土「五行」之首，代表極富貴；因此，就連在

納福、追討補償」，因此合稱五路財神。石碇五路財神廟廟殿大開五門，就是讓五路財神毫無阻礙的將金銀財寶通通搬進廟來。

以「金元寶」為造型元素
象徵金銀財寶滾滾來

石碇五路財神廟特色相當多，走進廟門，首先映入眼簾盡是大小數不清的金元寶，不僅五路財神香爐個個以元寶做造型，燒金紙的金爐也用三個特大的「金元寶」來聚財。最奇特的是，站在廟前遠眺對面山際，映入眼簾也宛如是「大元寶」的山形，根據住持形容：大元寶山形的兩旁在堪輿學上，左邊是青龍、右邊為白虎護翼，是上等的風水，因此此廟所在也稱聚寶山。最神奇的是，就連燒金紙時從此端望穿彼端庫門（也就是丟金紙進去的入口），所呈現的正是那「元寶

▲ 金元寶香爐全台首見。

財神爺趙公明神像下所供奉的座騎黑虎「寶虎將軍」也是金面金爪。

琳瑯滿目求財方法　但求正心

五路財神廟創見尚不僅於此，除了諸多建廟時的巧合，和刻意的聚寶盆造型，將全廟襯托得金幣輝煌、光彩奪目，供桌上各種求財供品琳瑯滿目，求財方法可說是既特殊且花樣多多，譬如「向神借錢」、「財龍聖水」、「虎爺添財」、「補財庫」、祈請「五路財神聚寶盆」等（詳見後面段落）。而香客希望財神爺眷顧的心意，似乎一個比一個還虔誠，供桌上一堆堆像小山般的庫錢，是拜得搶搶滾，而紙錢燒得香煙裊裊，彷彿已上達天聽，一走出廟門錢財就能從天而降！

許昭男強調，求財方法雖然很多，當初成立五路財神廟的用意乃是希望信眾求財前先求己，大家要先努力拚事業，再來靠財神爺保佑，而非懶散度日、一味求財神而本末倒置，或者玩數字遊戲之類的發財夢，實非正當的生財之道。因此從不強調「開明牌、樂透彩、六合彩」，不過免不了還是有信徒會私底下來問明牌，此純屬私人行為，至於有無中過大獎的傳言，許昭男只笑笑帶過；他強調：身心健全、家庭和樂，自然事業順心，而求財得財，

這就是人生最大的財富，也是奪不走的無形財富。因此求財神，仍要以無形財富為基礎，再來累積有形的「正財」，這樣錢財才會源源不斷的來！

祈福情報面面觀

燒發財金恭請五財神　勒令各路財神來襄助

關於武財神——趙公明的記載不一，有人說祂是道教的神明，乃終南山人氏，秦朝時避世山中修道，漢朝張道陵張天師入鶴鳴山精修時，收祂為徒弟，並令其騎黑虎，首護丹室。張天師煉丹有成後，分丹給祂食下，因此能變化無窮如天師。張天師命祂守玄壇，因而被天帝封為「正一玄壇趙元帥」，又因身跨黑虎，所以稱「黑虎玄壇」。

又有傳說祂被奉為神祇乃源自「封神榜」，於武王伐紂時助殷陣亡而受封。傳說祂擅於蓄財、理財，家富巨萬，因此後世祀為財寶之神。此外，也有人稱趙公明為寒丹爺、邯鄲爺，民間每年正月十五日元宵節舉行的「撞玄壇」，也就是民眾用鞭炮轟武財神的繞境活動（走佛），所撞的財神爺就是寒丹爺，用意在為其暖身，因為據說寒丹爺相當的畏寒。

關於寒丹爺還有很多傳說，富可敵國已經是野史上的事實，而有靈驗之說，因此從古至今想發大財的人，都得燒發財金誠心恭請武財神，勒令各路財神襄助。

石碇五路財神廟庇祐財路亨通的方法有五種之多，不過，因為很多人沒有財庫以致無法生財，或

請你跟我這樣拜

「財庫」顧名思義是指有錢財的倉庫，有的人常因莫須有理由而流失錢財，結果賺再多也徒勞，原因是沒有財庫；財庫補大，方能容下增多的錢財，這是道教的一種補增科儀。其方法如下：

1 到金紙部買金紙，視自己所需，說明只補財庫，或者另再開財源，將金紙放供桌上。如買的為「五福金」，將有一張黃色「疏文」，須在疏文上詳細填寫個人資料。

講究一點的，可先拜完一、二樓的所有神明後再補財庫，此時須點十三支香，加買一付金紙，每個香爐各插一支，拜法同下。如果只拜五路財神，則須點八柱香，以下依此說明。

2 拜天公爐，插一支香；再拜通天爐，插一支香。

3 序拜主神及 其他四路財神，並一一插香。

4 拜神桌下的虎爺，插一柱香。

5 回到供桌，執起所有金紙向財神爺一拜，如果是五福金，則將疏文拿到通天爐燒化，表示上達天庭，其餘金紙則拿到「黃金財寶爐」燒化，以確保「滴水不漏」的財庫。

有錢卻不斷漏財，因此又以「補財庫」來改進財運最受信眾的歡迎，本章中特別介紹「補財庫」步驟，以及其他求財方法。

你還可以這樣求

除了補財庫之外，財神廟還有一些相當特殊的求財方法，如向神借錢、財龍聖水、虎爺添財、祈請聚寶盆，信眾可以重複請求，總之，希望財神助你多臂之力，再多也不嫌麻煩。

一、向神借錢：此錢為「發財錢」，信眾須先向財神爺表明努力掙錢或平安的心願，然後擲筊，獲得聖筊一次後，在供桌上的筆記本登記個人資料，再取前方紅盒包裝一個，內有銅板二十元（錢母），之後拿到金爐上繞三圈過火。自己可以再放入一百四十八元，取一百六十八元諧音一路發的好兆頭，並將錢供在家中神案下或抽屜七天，之後再與其他錢混用，據說可因此大發利市。

二、財龍聖水：道教堪輿理論裡，水為財，因此取水置於家中財位或大門口左邊龍位，便能招財聚寶。五路財神廟在破土時，曾挖出天然湧泉，就在金龍穴龍口位置，可取此水回家置放，或混用家中水，取保龍源而順暢之意。

▲ 從「寶虎將軍」的錢水中取得滾滾財富。

三、虎爺添財：在趙玄壇神像下，供奉了座騎黑虎，就是「寶虎將軍」，其前方有瓷碗數個，碗中有水，信眾可用自己的銅板交換碗中的銅板，如投十元，以最多拿回八元的比例來投資，不可超拿，才能從「錢水」中取得滾滾財富。據傳特別適合生意不好或股票族或經商買賣的人。錢換得愈多財氣就愈活喔！

四、祈請「五路財神聚寶盆」：可向廟方祈請，購買精心設計、純黃金電鍍的聚寶盆回家供奉，作為納珍利市、招財進寶的寶器，不過，聚寶盆為純黃金電鍍，因此花費的費用比較昂貴。

此外，每逢週一、三、六日下午三至五點在二樓，有專人祈請眾神補財庫、改運、制煞問事等。通常在一樓補完財庫、開完財運，還可到此再開財運，讓自己更有貴人

▲ 登記個人資料後取一盒20元的錢母，向神借錢。

▲ 昂貴的黃金聚寶盆。

財神爺籤支共一百支，以甲子標示，求運途、求子、求財等應用範圍包羅萬象。

1 求籤時，一支籤只能問一件事，先取兩個筊，雙手合十請筊，並且心中默念：「財神爺作主，我名叫×××，民國×年農曆×月×日生，家住……，」並虔誠將所求情形詳細說明，希望財神爺示籤指點，然後問筊，如果獲得聖筊（神筊一正一反，表示好或可），就是財神爺答應出籤指示迷津。如果是笑筊（兩面皆正）或陰筊（兩面皆反），表示不允，那就改變陳述內容重新問筊，如是不是稟報不清楚或此籤不適合……等。

2 求得聖筊後，便可到正殿籤桶抽一支籤；抽之前先攪和籤支，每支籤只能祈求一項。

3 抽一支籤，記住清楚標示的第幾首，牢記心裡後，先將籤支放回籤桶，以方便其他信眾取用，再問筊是否此籤，擲筊後如果是聖筊，表示此籤無誤，否則須繼續抽取另一支籤，直到所抽取的籤支獲得聖筊為止。廟方表示，在此須應允連續三次聖筊才可。並依聖筊的籤支所示的甲子，取籤詩。（如果想進一步了解籤詩，可查閱解籤簿或請登記處的專人解籤。）

運，得人緣好做生意。至於週二、四、六，則有許多信眾祈求偏財運降臨，希望神賜靈感；但廟方還是強調，該給你的神明自會給你，重要是把財庫補大，才有機會財源不斷。

感恩時刻心意誠

不管當初祈求哪一項，得到了財神爺幫忙，當

要懂得回饋，而還願時但看心意，就是不能不還，還願後才能再次祈求，且才有機會持續獲得財神眷顧。還願方式可添香油錢，或到登記處捐款取收據，再將收據拿到廟前通天爐燒化。講究一點的，也可認捐廟內石壁並可刻名其上。

特殊慶典熱鬧來

在五路財神廟，除了每年固定正月十五日的禮斗法會之外，也有不定期的消災解厄，結合瘟疫作醮等慶典。明年（二〇〇四年）將盛大舉行全真禮斗暨賜福進寶朝天大醮，是以純道教科儀舉行的招財大法。

祈求時要準備的東西

可在面對廟門右手處，取香十三支香，講究一點的可先拜完神明，再來補財庫，如果要拜神明，則取金紙一套，費用採樂捐。或直接補財庫，便不須買金紙。所謂「補財庫」是到金紙部，視自己想補財庫多寡，買200～600元不等的「天」、「地」、「水」等數種金紙。如果想開財源的話，則再加400元，使用「進財金」或1600元以上最「貴重」的「五福金」，此五金即天官賜福金、天官貴人金、五路財神金、天官龍鳳金與乾坤圓滿金等。至於其他供品，則視自己誠意。

▲ 最「貴重」的「五福金」。

建築之美共欣賞

▲ 仔細分辨，地上石面各有其涵意喔！

　　財神廟的五路財神，分別座落在五種不同顏色地磚上，是住持在挖正殿時土地出現不同顏色所得的構想。中路屬土，則鋪設黃色；東路屬木，為綠色；南路屬火，為紅色；西路屬金，為白色；北路屬水，為黑色。是取五行、五方、五德、五色之意。同時廟殿大開五門、五色通道，意味通往五路財神也。

▲ 四角造型的天公爐別具創意。

　　此外，廟柱八根表八部天龍，是上天的守護神，以及四隻腳造型的天公爐（如古代天鼎）都很特別；尤其是以斗大字標示「招財進寶、黃金萬兩」的黃金財寶爐（金爐），三層大元寶造型，讓人望之喜氣十足，不論象徵性與功能都是台灣所罕見。

▲ 八根廟柱表八部天龍，是上天的守護神。

北 區 郵 政 管 理 局
登記證北台字第9125號
免　貼　郵　票

大都會文化事業有限公司
讀者服務部收

110 台北市基隆路一段432號4樓之9

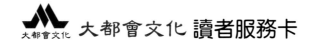

大都會文化 讀者服務卡

書號：Master-004　書名：台灣珍奇廟－發財開運祈福路

謝謝您選擇了這本書！期待您的支持與建議，讓我們能有更多聯繫與互動的機會。日後您將可不定期收到本公司的新書資訊及特惠活動訊息。

A. 您在何時購得本書：＿＿＿＿年＿＿＿＿月＿＿＿日

B. 您在何處購得本書：＿＿＿＿＿＿＿＿書店，位於＿＿＿＿＿＿＿＿(市、縣)

C. 您購買本書的動機：（可複選）1.□對主題或內容感興趣 2.□工作需要 3.□生活需要 4.□自我進修 5.□內容為流行熱門話題
　　6.□其他＿＿＿＿＿＿＿＿＿＿＿＿＿＿＿＿

D. 您最喜歡本書的：（可複選）1.□內容題材 2.□字體大小 3.□翻譯文筆 4.□封面 5.□編排方式 6.□其他＿＿＿＿＿＿＿

E. 您認為本書的封面：1.□非常出色 2.□普通 3.□毫不起眼 4.□其他＿＿＿＿＿＿＿＿＿

F. 您認為本書的編排：1.□非常出色 2.□普通 3.□毫不起眼 4.□其他＿＿＿＿＿＿＿＿＿

G. 您希望我們出版哪類書籍：（可複選）1.□旅遊 2.□流行文化 3.□生活休閒 4.□美容保養 5.□散文小品 6.□科學新知
　　7.□藝術音樂 8.□致富理財 9.□工商企管 10.□科幻推理 11.□史哲類 12.□勵志傳記 13.□電影小說
　　14.□語言學習（＿＿語）15.□幽默諧趣 16.□其他＿＿＿＿＿＿＿＿＿＿＿＿＿＿＿＿

H. 您對本書(系)的建議：＿＿
＿＿＿

I. 您對本出版社的建議：＿＿＿
＿＿＿

讀 者 小 檔 案

姓名：＿＿＿＿＿＿＿＿＿＿　　性別：□男 □女　生日：＿＿＿＿年＿＿＿＿月＿＿＿＿日

年齡：□20歲以下 □21～30歲 □31～40歲 □41～50歲 □51歲以上

職業：1.□學生 2.□軍公教 3.□大眾傳播 4.□服務業 5.□金融業 6.□製造業 7.□資訊業 8.□自由業 9.□家管 10.□退休
　　11.□其他＿＿＿＿＿＿＿＿＿＿＿＿＿＿＿＿＿＿＿＿＿

學歷：□ 國小或以下 □ 國中 □ 高中／高職 □ 大學／大專 □ 研究所以上

通訊地址：＿＿

電話：（H）＿＿＿＿＿＿＿＿＿＿＿（O）＿＿＿＿＿＿＿＿＿＿＿傳真：＿＿＿＿＿＿＿＿＿＿＿＿＿

行動電話：＿＿＿＿＿＿＿＿＿＿＿＿ E-Mail：＿＿＿＿＿＿＿＿＿＿＿＿＿＿＿＿＿＿＿＿＿＿＿

大都會文化事業圖書目錄

直接向本公司訂購任一書籍，一律八折優待（特價品不再打折）

度小月系列

路邊攤賺大錢 【搶錢篇】	定價280元
路邊攤賺大錢2【奇蹟篇】	定價280元
路邊攤賺大錢3【致富篇】	定價280元
路邊攤賺大錢4【飾品配件篇】	定價280元
路邊攤賺大錢5【清涼美食篇】	定價280元
路邊攤賺大錢6【異國美食篇】	定價280元
路邊攤賺大錢7【元氣早餐篇】	定價280元
路邊攤賺大錢8【養生進補篇】	定價280元
路邊攤賺大錢9【加盟篇】	定價280元
路邊攤賺大錢10【中部搶錢篇】	定價280元

流行瘋系列

跟著偶像FUN韓假	定價260元
女人百分百－男人心中的最愛	定價180元
哈利波特魔法學院	定價160元
韓式愛美大作戰	定價240元
下一個偶像就是你	定價180元
芙蓉美人泡澡術	定價220元

DIY系列

路邊攤美食DIY	定價220元
嚴選台灣小吃DIY	定價220元
路邊攤超人氣小吃DIY	定價220元

人物誌系列

皇室的傲慢與偏見	定價360元
現代灰姑娘	定價199元
黛安娜傳	定價360元
最後的一場約會	定價360元
船上的365天	定價360元
優雅與狂野－威廉王子	定價260元
走出城堡的王子	定價160元
殞逝的英格蘭玫瑰	定價260元
漫談金庸－刀光‧劍影‧俠客夢	定價260元
貝克漢與維多利亞	定價280元
瑪丹娜－流行天后的真實畫像	定價280元
紅塵歲月－三毛的生命戀歌	定價250元
從石油田到白宮－小布希的崛起之路	定價280元
風華再現－金庸傳	定價260元

City Mall系列

別懷疑，我就是馬克大夫	定價200元
就是要賴在演藝圈	定價180元
愛情詭話	定價170元
唉呀！真尷尬	定價200元

精緻生活系列

另類費洛蒙	定價180元
女人窺心事	定價120元
花落	定價180元

發現大師系列

印象花園－梵谷	定價160元
印象花園－莫內	定價160元

印象花園－高更	定價160元
印象花園－寶加	定價160元
印象花園－雷諾瓦	定價160元
印象花園－大衛	定價160元
印象花園－畢卡索	定價160元
印象花園－達文西	定價160元
印象花園－米開朗基羅	定價160元
印象花園－拉斐爾	定價160元
印象花園－林布蘭特	定價160元
印象花園－米勒	定價160元
印象花園套書（12本）	定價1920元
（全套特價1499元）	

Holiday系列

絮語說相思 情有獨鐘　　定價200元

工商管理系列

二十一世紀新工作浪潮	定價200元
美術工作者設計生涯轉轉彎	定價200元
攝影工作者快門生涯轉轉彎	定價200元
企劃工作者動腦生涯轉轉彎	定價220元
電腦工作者滑鼠生涯轉轉彎	定價200元
打開視窗說亮話	定價200元
七大狂銷策略	定價220元
挑戰極限	定價320元
30分鐘教你提昇溝通技巧	定價110元
30分鐘教你自我腦內革命	定價110元
30分鐘教你樹立優質形象	定價110元
30分鐘教你錢多事少離家近	定價110元
30分鐘教你創造自我價值	定價110元
30分鐘教你Smart解決難題	定價110元

30分鐘教你如何激勵部屬	定價110元
30分鐘教你掌握優勢談判	定價110元
30分鐘教你如何快速致富	定價110元
30分鐘系列行動管理百科（全套九本）	
	定價990元

（特價799元，加贈精裝行動管理手札一本）

化危機為轉機　　定價200元

親子教養系列

| 兒童完全自救寶盒 | 定價3,490元 |

（五書+五卡+四卷錄影帶 特價2,490元）

孩童完全自救手冊－
這時候…你該怎麼辦？　　定價299元

語言工具系列

NEC新觀念美語教室　　定價12,450元

（共8本書48卷卡帶 特價 9,960元）

寵物當家系列

Smart養狗寶典	定價380元
Smart養貓寶典	定價380元
貓咪玩具魔法DIY	
－讓牠起舞的55種方法	定價220元
愛犬造型魔法書	
－讓你的寶貝漂亮一下	定價260元

生活大師系列

遠離過敏
－打造健康的居家環境　　定價280元
這樣泡澡最健康
－紓壓・排毒・瘦身三部曲　　定價220元

Metropolitan Culture Enterprise Co., Ltd.
4F-9, Double Hero Bldg.,
432, Keelung Rd., Sec. 1,
Taipei 110, Taiwan
Tel: +886-2-2723-5216
Fax:+886-2-2723-5220
email: metro@ms21.hinet.net

臺灣珍奇廟
發財開運祈福路

作　　者：林慧美
攝　　影：王正毅

發 行 人：林敬彬
主　　編：張毓如
編　　輯：莊慧劍
封面設計：洪菁穗/周以凡 設計聯合工作室
美術設計：洪菁穗/周以凡 設計聯合工作室

出版：大都會文化 行政院新聞局北市業字第89號
發行：大都會文化事業有限公司
　　　110 台北市基隆路一段432號4樓之9
讀者服務專線：（02）2723-5216
讀者服務傳真：（02）2723-5220
電子郵件信箱：metro@ms21.hinet.net
郵政劃撥：14050529　大都會文化事業有限公司
出版日期：2004年1月初版第1刷
定價：　280元
ISBN ：986-7651-11-1
書號：Master-004

大都會文化
METROPOLITAN CULTURE

國家圖書館出版品預行編目資料

臺灣珍奇廟
發財開運祈福路
林慧美 著
-- --初版-- --
臺北市：大都會文化，2003〔民92〕
面；公分-- --

ISBN 986-7651-11-1（平裝）
1.寺廟－臺灣 2.祠祀─中國
272　　　　　　　92020053

台灣
珍奇廟

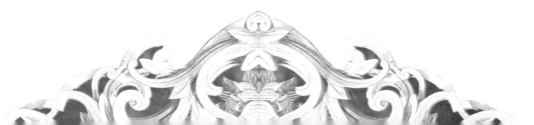

台灣

珍奇廟